現代文學夢影拾零

傅 光 明 著

文 學 叢 刊

文史哲出版社印行

國家圖書館出版品預行編目資料

現代文學夢影拾零 / 傅光明著. -- 初版. -- 臺
北市：文史哲, 民 93
面： 公分. -- (文學叢刊；165)
ISBN 957-549-560-8(平裝)

855   93009407

文　學　叢　刊 165

現代文學夢影拾零

著　　者：傅　　　光　　　明
出 版 者：文　史　哲　出　版　社
http://www.lapen.com.tw
登記證字號：行政院新聞局版臺業字五三三七號
發 行 人：彭　　　正　　　雄
發 行 所：文　史　哲　出　版　社
印 刷 者：文　史　哲　出　版　社
臺北市羅斯福路一段七十二巷四號
郵政劃撥帳號：一六一八○一七五
電話 886-2-23511028・傳真 886-2-23965656

實價新臺幣二八○元

中華民國九十三年(2004) 六月初版

著財權所有・侵權者必究
ISBN 957-549-560-8

我與新世紀（代序）

　　人生百歲，不要說在人類歷史的時光隧道，就是在一個世紀的千年裏，也是短得稍縱即逝。我在爲跨入了新世紀而感到幸運的同時，還感到了一絲迷惘：上個世紀留給了我什麼？新的世紀又將帶給我什麼？我幾乎一無所知。面對芸芸眾生的喧嘩與騷動，許多人變得理智殘廢、道德怯懦、精神貧瘠，任何形式的理想主義不僅不被接受，反而註定必受到誤解和譏誚。人們所有的是一具沒有靈魂的軀殼，或如雪萊所說，是精神死亡。這多麼可怕啊！

　　我近來一直在想，如果思想上對人生本身沒有眞正理解，就無從認識崇高的人性特徵。而我們傳統的孔儒教訓，卻是忘卻精神，壓制理性的。老、莊更是用迷人的語言，把生活的完滿說成是一個理想的怪物。在上個世紀相當長的時間裏，我們缺乏宗教，缺乏愛，還缺乏任何的精神冒險。新世紀的人們要和平，但要的決不該是那種羞怯、單調、令人窒息、悠閒懶散的和平。我嚮往的是一種積極生動、青春四溢和富有創造力的和平。

　　我還想，任何不否定或歪曲人性的男女，都會承認，萬物中最有意義的事是愛。是愛創造了人類的藝術與人生。沒有了愛的藝術與人生該是多麼蒼白乏味！我最看不起的就是蔑視愛的憤世嫉俗者和害怕愛的膽小儒夫。

上個世紀初，中國的文化經歷了一次叛逆時代的「文藝復興」，長期受壓迫、遭抑制的人們，恢復了獨立與尊嚴，恢復了對理智與想像的事物的愛，恢復了更自由美好地構想生活的渴望。這個時候，我們的文學誕生了許多大師級人物。在他們身上，藝術與人生成了和諧的精神統一體。他們的作品充滿了人生的熱情和人類靈魂所能表現的最深切最崇高的感情。

新的世紀對於我來說，無疑充滿了機遇和挑戰。但我覺得，對我自身最重要的還是，首先保持自我的人格獨立，任何時候都不以可憐的效忠去替代理智的誠實。換言之，我必須有意識地培養自覺，有了這種自覺，存在於靈魂中的創造精神才能發揮效用。我渴望在一種尋覓愛和追求藝術的激情裏，認識美和人生的價值。

其實，生活本身何嘗不是一件藝術品呢？從這個意義上，人人都是藝術家，但要看我們如何去雕琢。如果當我八十歲，青春的光澤已變成難看的皺紋時，回首自己曾用雙手塑造出豐富多彩的生涯而感欣慰，那我對這一生就是滿足的了。在我們豐富多彩、富於戲劇性的人生中，脈搏跳動的次數是有限的。我們怎樣才能在有限的脈搏跳動中，留下最有意義和價值的生命果實呢？這決定著一個人的人生是否成功。

雨果說：我們都是罪人，都被判了死刑，但緩刑的期限不明確。我們都有一個期限，過了這個期限，世界不再記得我們了。……我們唯一的機會在於盡可能多地增加脈搏的跳動，以延長這一有限的時間。偉大的激情能帶給我們復甦的生活感，愛的悲歡和熱烈活動的各種形式，無論我們是否感興趣，這些形式都會自然而然地來到我們許多人中間。但記住只能是激情，才真正使你

收穫復甦的意識的果實。詩的激情、美的渴望、爲藝術而愛藝
術，這裏都蘊蓄著最高的智慧。藝術喚醒你時坦率直言，它只把
最高的品質賦予稍縱即逝的人生瞬間，而且它僅爲那些瞬間而來。

　　我多麼想捕捉住並在記憶裏留住那些人生最美的瞬間。本集
中的文章或許能算得上是對我閱讀文學美的瞬間的一種留存。這
當然要感謝彭正雄和張堂錡兩位先生。

現代文學夢影拾零

目　錄

我與新世紀（代序）……………………………………　1

我看現代才女作家………………………………………　7

凌叔華的《古韻》………………………………………　14

小說家丁玲素描…………………………………………　17

「另類」的丁玲…………………………………………　24

冰心：冰清玉潔，眞愛永存……………………………　34

林海音的文學世界………………………………………　47

大手筆的茅盾小說………………………………………　69

茅盾的鬥士散文…………………………………………　75

「閒話」西瀅……………………………………………　80

悠然梁遇春………………………………………………　83

曹禺：天才的戲劇大師…………………………………　86

硬氣的胡風散文…………………………………………　90

梁思成的北京城…………………………………………　94

散簡淡遠的孫犁散文……………………………………　97

徐志摩：一個生命的信徒………………………………　101

徐志摩的英文碩士論文…………………………………　112

徐志摩與「人間四月天」……………………………………… 120

解讀幾篇朱自清散文…………………………………………… 161

蕭乾：一個自由主義者的終結………………………………… 174

蕭乾的英文演講及其現代化思想……………………………… 197

我看現代才女作家

作家們的創作動機，恰如陳西瀅先生所說，「非常混雜」，「也許是心有所感，不得不寫下來；也許是好名，也許是想換夜飯來，也許是博得愛人的一粲。」而這裏的八位現代女作家，卻無一例外均屬「心有所感」型，情動於衷，不得不寫下來。

女性小說的崛起始自「五四」那個大變革的時代，變革當然主要來自男權社會的呼籲和行動，因為女性生活才剛在那個變革漩渦裏開始拓展，還不足以構成推動歷史的主要力量。但就像地球板塊間的運動，一個空間的拓展意味著對其他空間的擠壓。這些活生生的碰撞和衝擊在敏感的女性內心所激起的波瀾，實在不亞於一場火山噴發。生活給了她們比先輩們更多的歡樂和痛苦，也在中國歷史發展到一定階段賜予她們將這些感受表達出來的機會。社會開始關注女性在這場變革中的際遇，新文學刊物接納了她們，讀者因為她們是女性而更願意關注這些作品。

一切外部條件都在不知不覺中成熟了，只剩下一個問題：中國女性是否具有文學的稟賦，用最恰當的形式表現她們獨特的情感世界。

這已經是發生在本世紀前半葉的事情，世紀回眸，再來讀這批女作家的作品，是否會覺到從箱底翻出老祖母的衣物展覽一樣過時呢？我相信答案是否定的。讀者的心情也一定是和我一樣。

七八十年在文學史上是極短的一瞬，但對評估作家作品的價值卻足夠了。二〇年代冰心的詩意抒情，廬隱的悲愁哀怨，蘇雪林的清爽遒勁，凌叔華的疏朗飄逸，以及石評梅的豪情壯懷，再到三〇年代蕭紅的悽切憂婉，丁玲的敏銳犀利，從沒被後代的女作家們所淹沒。相反，隨著時代的流轉，她們的作品更像那陳年的佳釀，芳香四溢，滋味醇厚，顯示出種種當今女作家們所不具有的感人魅力。這也是那一代女作家被奉為才女的原因所在。

說到中國的才女，人們會自然聯想到古代的班昭、蔡文姬、李清照，但與男性文人相比，她們的數量實在少得可憐。即便現代才女，數量相對集中，且有的還被批評家冠以某某派，也難與同時代的男作家比肩。

近代以來，關於女子是否適於文學創作，大體有三種意見：「不適於」、「最宜於」和「亦宜於」。有學者認為「婦人的缺點，在生理上是有一期間會失卻理性的調節而被支配於盲目的感情的歇斯底理，便是受過高等教育的婦人，也會帶著生理的事實。因為這種情形的多，遂致偏於感情的，而理性的發育不健全……因為有了這樣的弱點，所以一部分的描寫能夠非常細膩，而且能夠下極敏銳的觀察，但全體的觀察和思量卻非常缺乏，……婦人既偏於感情的，所以大概短於思索和批評，不願推理的運用頭腦，婦人的作物，所以富於情緒的分子而缺少思想的暗示。」不用說，這是一種短見。

現代女作家的寫作成長幾乎與中國現代文學史的發展同步，都沒有任何可以借鑒的範本。古代作品又被「五四」的激烈變革封入「老古玩店」，以語言文字，謀篇佈局，到表現內容，她們都必須同男作家們一樣重新探索。沒有比形式和內容的創新更能

刺激一個作家的創作欲望了。

　　當一個女性認識到自己的體驗具有文學價值，而必須創造辭彙盡情把它們表達完美時，她們的內心該處於一種何等美妙的狀態。這些辭彙在漢語詞典上也許沒有規範的解釋，但一經才女們的手，這些辭彙組構的文學作品才成了獨特和不可替代的。

　　聞一多先生曾說，詩歌創作猶如帶著鐐銬跳舞，其實，這個比喻適用於詩歌以外的其他文學形式。任何體裁的創作都像是舞者在一定規範束縛下表達自我。失去了對束縛的度的把握，任何內容都會變得沒有藝術價值。現代才女們憑著天賦從一拿起筆就對此有深刻的自覺。她們大規模地開始創作，其作品與古代話本、章回小說和歐美源於敘述故事的小說截然不同。儘管中國古代文化和歐美文明滋養了現代才女的才華，但她們非常清楚自我的獨特性，因而不會沿襲任何一種類型。她們的獨特之一便是東方女性的生命形態和詩化情懷，她們的小說無不浸淫著詩意，無論是活潑明朗的抒寫，還是若隱若現的傷懷。因此，她們的小說，多帶有散文化特徵，也許說兼有小說的精微細緻和散文的閒散沖淡更準確。

　　「五四」所帶來的動盪和衝擊，使人們開始重新審視和思考許多根深柢固的舊有觀念，對女性的態度尤其如此。雖然憑了父母之命的包辦婚姻仍很盛行，自由戀愛已得到認可；大多數女性得不到受教育的機會，但知識女性開始受到上層社會的歡迎；宗法制度壓制女性表達獨立的願望，要求女權解放、個性獨立的反抗正贏得廣泛的支持。這些相互矛盾的現象使一批正處在青春期的少女有了與前輩人完全不同的價值觀。她們一方面尊重自己的情感，把母愛、情愛、性愛和對自然乃至萬物之愛，作為人生價

值的最高體現；一方面隨時準備為捍衛情感犧牲青春、家庭以至生命，當然，從思索到行動，每個女性的感受程度、表達方式不盡相同，有激烈者，如盧隱、蕭紅、丁玲；有溫婉者，如冰心、凌叔華；有趨於保守者，如蘇雪林。但有一點是共同的，那就是忠實自我，絕不為任何其他的理由，哪怕是高尚的理由，而掩飾、扭曲真實的感情，這一點就是同時代許多男作家都不能做到。

由於在敘述語言、題材形式和思想內涵上勇於探索，現代才女們成為中國女性文學的真正拓荒者，並澤被著一代又一代的後繼者，從張愛玲、蘇青、梅娘、林海音、張秀亞、茹志鵑、張抗抗、王安憶、鐵凝，以至陳染、林白、須蘭等。

對女性文學常有兩種誤解，一是女性作品常被男批評家們指摘為創作面窄。言外之意，男性作品則創作面寬，若就群體而言，男性作家作品涉及到社會生活的各個層面，也即是說涵蓋了女性生活。以此推論，女性作家作品只是重複了男性作家的寫作或曰淹沒於男性話語之中，而沒有了存在價值。這當然不對。讀者讀過她們的作品就會明瞭。若對個體男性作家而言，則會說男作家的創作比女作家的創作更具廣度。這種廣度可能指題材的選擇、情感的表達以及人物的刻劃等。我以為這種說法是在肯定了男性作品作為文學作品成功的重要因素——個性的同時，卻抹殺了女性作品個性的存在權利。任何一個作家都不可能是「百科全書」，他所涉及的題材及生活層面再寬闊，也不可能窮盡世間萬物；他表現的感情再具代表性，也僅是其個人的體驗；他所表現的人物再豐富，也不過是他個人生活中接觸或想像出來的。假設真有位全能的天才作家表現了所有的題材、感情和人物，那麼他的敘述方式能囊括所有作家的表現手段嗎？絕對不能。文學風格

意味著個性，沒有個性的作品怎麼談得上藝術性。一個成熟女作家的文學世界與任何一個成熟男作家所描繪的一樣都是個性化的展現。

第二個誤解是認爲開啓一代女性文學之風的作品因內容的幼稚和形式的粗糙而影響了其藝術性。這就仿如說原始藝術品的藝術性比不上後世藝術家的作品。欣賞任何一種藝術都有個認同過程，不同風格的藝術品會由於欣賞物件接受態度的不同而遭到不同的待遇。有的一出籠即紅透雲天，也許它只是過眼塵煙；有的初遭冷落，但時間這一無情的批評家證明它是眞的藝術。眞正藝術的美是獨持的，也是持久的。民歌美在淡遠質樸，神話美在想像得不著邊際，童話則美在它的天眞無邪。如果總是用一種主義的眼光去審美，許多美的東西反會失去內在的藝術精神。

讀「五四」後一代才女們的作品也是如此，她們精心塑造的一個個女性人物，反抗宗法社會的層層桎梏，今天的讀者已難以想像；她們欲愛不敢，欲恨不得的感情，在今天敢愛敢恨，敢欲敢死的女性面前，顯得是那麼的「微不足道」。才女們在女性話語裏表達出的性愛觀念，與陳染、林白們的「超性別意識」相比，已原始得像一片枯葉的標本；她們的話語方式同種種「欲望敍事」、「文本實驗」等並陳，已失去了亮麗的光澤。但這絕不意味著她們的作品失去了美。恰恰相反，由於再也回不到那個大變革的時代，我們只有透過她們去領略其實是超越時代的女人的愛欲、自由、理想和痛苦的眞實。

我記得有位老學者這樣寫道：「女性底文學，實在是婉約文學的核心，實在是文學天國裏面的一個最美麗的花園，我們只看見許多文人學士在那裏做婦人語，我們只看見許多詩人在搖頭

擺尾地模擬那旖旎的情歌，……這是無論如何也不會像的……婉約而溫柔的文學，總得女性來做才能更像樣，……可不是，無論文人怎樣肆力去體會女子的心情，總不如婦女自己所瞭解的真切；無論文人怎樣描寫閨怨傳神，總不如婦女自己表現自己的恰稱。」就女性寫女性來看，的確是這樣。一個男人是不大能窺透女人生活的某些層面，女人們微妙的心理情感、情欲體驗，那份真切、細膩、親昵到旖旎幽微的滋味，怕是男性作家所難以企及的。

　　文學的成就不能單以性別論優劣。男人們頭腦裏女人的文字好像只能是閨閣幽怨，充其量是給霸權的男性話語補白助興。「五四」一代女作家不再羞答答地躲藏於香閣繡幕下，而是傲然地以與男作家平等的地位成為中國現代小說的第一代開拓者。她們的出身門第和才學修養不遜於任何一位男作家，陳衡哲、冰心、廬隱、馮沅君、石評梅、凌叔華、蘇雪林，都出身於官宦人家、書香門第或已漸破落的舊式家庭。正因於此，她們對舊制度、舊家族的抨擊反抗，對社會、文化新思潮的認同參與才更猛烈和激進。從這個意義上來說，「五四」才女的第一批創作成果是「問題小說」也就順理成章，是歷史的必然了。

　　文學是感情的產物，而女性的性格特徵，最富於感情，女人寫起女人也就更擅長。現代才女們寫得最多的是婦女題材，以致有的男批評家願意把拓展了題材的才女作品說成看不出是女性的寫作當成一種獎賞，似乎女作家是專為寫女人而生，甚至有簡單到把女性寫女人的性及其他視為女性寫作，把女性寫男人的性及其他視為女權寫作。世上只有人的文學，卻沒有男人的文學和女人的文學。事實上，清楚了這再簡單不過的一點，一切關於女性

主義的文學的鎖定便顯得毫無意義，說膚淺也可以。

　　基於這一點，女性文學的眞正含義應當是指女性寫的文學作品，而非女性寫作本身。單把女性文學挑出來示衆，倒有文學本該是男性專利的味道，似乎女性文學成了文學的妾。

　　無論小說、散文，才女們的語言風格多富有抒情性和音樂感，這使她們的作品在承繼了古代才女詩、詞、曲、賦韻文文學的基礎上更把這個傳統發揚在了小說和散文創作上。二〇年代的冰心、凌叔華如此；到三〇年代，丁玲、蕭紅在情感濃度和抒寫張力上都較前深刻強烈，刻劃人物也更往心理深層挖掘，但文字的美致韻味依然。及至才驚豔絕的張愛玲，更把女性寫作引至一個意象豐富、情韻精微、充滿了光華神致的境界，製造出「張迷」無數，成爲許多後繼才女們的大聖先師。

凌叔華的《古韻》

　　凌叔華是崛起於本世紀二、三〇年代的優秀短篇小說家和散文家，曾被沈從文、蘇雪林譽為中國的曼斯菲爾德。她的小說大都情節簡單，人物不多，結構纖巧，比較遠離時代。她的文字清秀俊逸而又樸實無華，哀感雋永而又浪漫生情，清朗明快而又雅淡細膩，獨具「閨秀派」之風。她還是個出色的山水畫家，自幼即拜著名宮廷畫師習畫，承繼了中國傳統文人水墨畫的神韻，自然天成，流溢出一股濃郁的書卷之氣。可令人遺憾的是，對凌叔華的生命選擇與各類創作的全面系統研究還很不夠。這自然有多方面的原因。首先，也許因凌叔華與「聲名不佳」的「現代評論派」過從甚密，從而為許多文學史家所淡忘。其次，有關凌叔華生平創作的各種材料相當分散、匱乏，研究往往只能從作品本身入手。另外，凌叔華與同時代許多作家不同，她沒有留下較多的自傳性文字，為研究者提供方便。有意思的是，她自己對生於何年，尚糊塗一世，搞不清楚。到目前為止，關於她的生年已有五種說法。多數人認為她的生年是一九〇〇年或一九〇四年五月五日，還有一種認為是庚子年三月二十五日。

　　慶幸的是，凌叔華的英文自傳體小說《古韻》（Ancient Melodies）對研究她的青少年時代及其創作的影響，具有非常重要的意義。從閱讀凌叔華的作品和已掌握的材料推斷，這部自傳

體小說，有可能是她真實的自傳，只不過第一人稱姓「丁」而已。

　　說到《古韻》，不可不提及英國著名小說家維吉尼亞·伍爾芙（Virginia Woof）和她的好友維塔·薩克威爾·韋斯特(Vita Sackville West）。一九三五年十月在武漢，凌叔華結識了到中國任教的英國年輕詩人朱利安·貝爾（Julian Bell），他是伍爾芙的外甥。經他介紹，凌叔華於一九三八年春開始同伍爾芙通信。她們從未見過面，到一九四七年凌叔華定居倫敦時，伍爾芙已去世六年。我們無從查找凌叔華致伍爾芙的書信，但從伍爾芙致凌叔華的書信裏可以發現，是伍爾芙鼓勵凌叔華試著用英文寫作。

　　伍爾芙收到《古韻》的部分手稿以後，寫信鼓勵說：「我很喜歡它，它很有魅力。」「繼續寫下去，自由地去寫，不要顧忌英文裏的中國味。事實上，我建議你在形式和意蘊上寫得更貼近中國。生活、房子、家俱，凡你喜歡的，寫得愈細愈好，只當是寫給中國讀者的。然後，就英文文法略加潤色，我想一定可以既保持中國味道，又能使英國人覺得新奇、好懂。」

　　凌叔華到英國以後，寫信給韋斯特，提到給伍爾芙寄文稿事。韋斯特熱情相助，找到伍爾芙的丈夫，終於在他們舊居伍爾芙的遺物中，找到了《古韻》的文稿。後由韋斯特推荐給著名的荷蓋斯出版社（The Hogarth Press），並親寫序言，於一九五三年出版了《古韻》。

　　《古韻》的出版引起英國評論界的重視，許多報刊登出了書評。《時與潮》周刊說《古韻》「充溢著作者對生活的好奇、熱愛和孩子般的純真幻想，書中有幽默、智慧和不同尋常的容忍以及對生靈的深切同情。無論新舊，只要是好的，叔華都接受，從

不感情用事。」《泰晤士報文學副刊》載文評論：「叔華夫人安靜、輕鬆地將我們帶進那座隱蔽著古老文明的院落。現在這種文明已被掃得蕩然無存，但那些熱愛過它的人不會感到快慰。她向英國讀者介紹了一個中國人情感的新鮮世界。高昂的調子消失以後，《古韻》猶存，不絕於耳。」甚至幾十年之後，蘇雪林在《凌叔華其人其事》的回憶文章中提到《古韻》時，仍然贊不絕口：「這本書文字極其雋永有味，叔華本來會畫，書中插畫，也出之親筆，圖文並茂，外國讀者見之愛不釋手。」

　　《古韻》共分十八章，除《搬家》、《一件喜事》和《櫻花節日》三章是以同名原作爲基礎改譯成英文以外，其餘均是直接用英文創作的。事實上，可以把相對獨立的每一章都視爲一篇饒有情趣的短篇小說。由於英語非凌叔華的母語，所以《古韻》的英文文法簡單，語言樸素，不過譯成中文以後，仍覺不失其小說的風格。韋斯特在序言中講：「她的文筆自然天成，毫無矯飾，卻有一點惆悵，因爲她畢竟生活在流亡之中。……在這部回憶錄中，有些章節描述了北京家庭紛繁懶散的家庭生活，很有意思。……對我們來說，它比《天方夜譚》更吸引人，因爲它是取自一個同時代人眞實的回憶。」

　　總之，從各方面來看，《古韻》對研究凌叔華的生平與創作具有極爲重要的價值。我著手翻譯它，正是基於這種考慮。在翻譯過程中，我盡量使語言，特別是人物對話貼近口語，努力仿學凌叔華的文風，使其具有更強的文學性。但與她渾然天成、優美自然的文字一比，自覺寒磣多了，還希望此書出版之後，得到前輩、同人的批評指正。

　　　　　　　　　（原載《中國圖書評論》一九九一年三期）

小說家丁玲素描

　　我不知該從何處下筆給作為小說家的丁玲畫幅素描。她是在「精神上苦痛極了」的時候，「因為寂寞」、「為造反和革命」寫起小說來的，於是，她的小說「就不得不充滿了對社會的卑視和個人的孤獨的靈魂的倔強掙扎。」但她卻是位「一鳴驚人的女作家」。她的《夢柯》和《莎菲女士的日記》一經發表，「便好似在這死寂的文壇上，拋下一顆炸彈一樣，大家都不免為她的天才所震驚了。」

　　中國現代女性小說到丁玲，才實現了真正意義上「愛」的主題的拓展。在她以前的女作家，無論冰心、綠漪、馮沅君，筆下的愛往往還只是有「情」而無「欲」。無「欲」的男女之情是不純粹的愛，有了情與欲的愛或許才是完整的。

　　我始終覺得，丁玲在《莎菲女士的日記》裏寫莎菲的心理，寫的就是她自己的心理，甚至寫的是她認為的所有「女性十足的女人」（應該主要是指知識女性）的心理：「女人是只把心思放在她要征服的男人們身上，我要佔有他，我要他無條件的獻上他的心，跪著求我賜給他的吻呢。」大凡瞭解女人這種心機的男人，當然願意被女人征服，至少也願意在表面上做出被女人征服了的樣子。因為男人們的心機是，為了我能「征服」你，只好先被你「征服」一下。這種「征服」與「被征服」的過程，某種程

度上又恰是浪漫諦克的代名詞。而女人的苦悶、痛楚，並甚而因此墮落，往往就源於這種「征服」的勝利只是短瞬間的。女人誠然是被自己打敗的。不過，女人們要求的其實也許就是一種「征服」過程中的勝利的快樂。

　　上個世紀的百年，有相當長的一個時期，人，特別是女人，對情欲愛的渴望、追求完全成了資產階級的註冊商標。在那以前的封建皇權之下，女人更只能是男人「採陰補陽」的房中術中的「肉蒲團」。女人的人性心理和性心理一經表露，就成了潘巧雲、潘金蓮式的淫蕩。上青樓狎妓是名士風，妻妾成群也成了男人角逐權利、金錢的成就展。世間留給女人的評判似乎只有兩個，相夫教子、從一而終的節烈婦人；出賣色相、紙醉金迷的青樓女子。男人幾乎是無一例外地希望，家有舉案齊眉的賢妻，外有紅顏知己的良妓，不一而足。不論賢妻，還是良妓，都是供男人把玩於股掌上的。女人作為人的行為、心理，包括性行為和性心理，都被一簾香閣繡幕所遮蔽，不足為外人道也。女人似乎注定了只能博得男人的或寵倖或憐憫或幽閉，而不能獲得權利和責任，更甭提什麼膜拜了。

　　今天的女性不是還經常在重複著莎菲式的悲劇嗎？莎菲的「時代病」實際上就是女人的「時代病」。女人對這種病也許永遠都不會有免疫力。我想，這和時代的進步與否沒有關係，因為女性心靈上深重的傷痕，並非只有「舊時代」才會烙印下。到底是時代不幸，抑或女人不幸？從這個角度說，丁玲的小說《我在霞村的時候》和《在醫院中》更從作為人的價值和尊嚴感上，對貞貞和陸萍進行了挖掘，使其具有了人性意義上的思想價值。

　　不知從這個意義上是否可以說，丁玲是現代文學史上第一個

大膽、率直地寫出女性幽微旖旎的深層心理的作家，也是女性對男權的異數的「征服者」。茅盾在《女作家丁玲》中說得好，「她的莎菲女士是心靈上負著時代苦悶的創傷的青年女性的叛逆的絕叫者。莎菲女士是一位個人主義，舊禮教的叛逆者。她要求一些熱烈的痛快的生活。她熱愛著而又蔑視她的怯懦的矛盾的灰色的求愛者，然而在遊戲式的戀愛過程中，她終於從覥腆拘束的心理擺脫，從被動的地位到主動的地位，在一度吻了那青年學生的富於誘惑性的紅唇以後，她就一腳踢開了她的不值得戀愛的卑瑣的青年。這是大膽的描寫，至少在中國那時的女性作家中是大膽的。莎菲女士是『五四』以後解放的青年女子在性愛上的矛盾心理的代表者。」

這是「女性十足的女人」的丁玲，是絕對自我的個人主義的丁玲。

丁玲的一生何嘗不是一個「絕叫者」的一生。她這一生的悲苦命運，正可以說成是她筆下眾多女性人物的一個綜合寫照。她有過她們在生活渦流裏的苦悶與彷徨，幻滅與追求，掙扎與絕望。她在「魍魎世界」和「風雪人間」的煉獄裏所遭受的屈辱與摧殘，在數十年的時代風浪中所經歷的浮沉與漂泊，並不亞於《我在霞村的時候》裏在肉體上遭受了日本兵蹂躪折磨的貞貞。而其精神靈魂上的堅強不屈，對生命的渴求和嚮往，也是並無二致地契合。在那漫長的遭受非人待遇的時光，她何嘗不像貞貞一樣，「不要任何人對她的可憐，也不可憐任何人。」她「像一個被困的野獸，她像一個復仇的女神。」

丁玲是在成為「左聯」「陣營內戰鬥的一員」，「積極左傾」之後，寫出的《水》，並因而被冠以是從早期頹廢的個人主義的

虛無，有了進步到工農大眾的革命之路的萌芽，是對自己過去「革命加戀愛」公式的清算。但終因小說沒有以災民的鬥爭充分反映土地革命的影響，她也就沒能達到「簇新的作家」的標準。

我覺得，丁玲因寫出了《我在霞村的時候》和《在醫院中》兩篇小說，才使作為女作家的她，顯得豐滿和圓潤。如果說夢柯和莎菲身上還殘留著不成熟的少女傷春式的抑鬱感懷，丁玲則更以張揚的個性啓動了貞貞和陸萍這兩個人物身上成熟女人的激情美。這倒從反面印證了張光年後來在批判她時說的：「丁玲、莎菲、陸萍，其實是一個有著殘酷天性的女人的三個不同的名字。她們共同的特點，是把自己極端個人主義的靈魂拼命地加以美化。」

其實，用丁玲早在一九四二年寫成的那篇著名散文《「三八節」有感》裏的話，來概括她對自身作為女人的命運的注腳是再合適不過了。她說：「我自己是女人，我會比別人更懂得女人的缺點，但我卻更懂得女人的痛苦。她們不會是超時代的，不會是理想的，她們不是鐵打的，她們抵抗不了社會一切的誘惑和無聲的壓迫。她們每人都有一部血淚史，都有過崇高的感情。」這裏的「女人」已不單單是指那個特定時期延安的女人了，而是包括了她丁玲本人在內的世上所有的女人。在這個意義上，丁玲也好，她筆下的貞貞、陸萍也好，當時延安的女人們也好，她們每人的那部血淚史，不也同時就是一部完整的女人的血淚史嗎？

文學史對作家作品以往那種約定俗成的評價很有意思，以丁玲為例，由《夢柯》、《莎菲女士的日記》到《水》再到《太陽照在桑乾河上》的寫作過程，便是一個進步的小資產階級作家，成為真正人民的無產階級革命作家的藝術上的標杆，也是革命現實

主義「征服」的勝利，即她在小說中指出了「農民的真實的歷史性的勝利」。馮雪峰還從藝術上充分肯定《太陽照在桑乾河上》，是由深刻的思想形象、詩的情緒性格和生活的熱情所編織成的一副完整、輝煌的美麗油畫，是一部反映土地革命的史詩似的文學作品。丁玲因此獲得了「史達林文學獎章」。

這是沐浴過毛澤東《在延安文藝座談會上的講話》洗禮的丁玲，是「革命」的「女兵」的丁玲，是「昨日文小姐，今日武將軍」的丁玲。

然而，有些學者把《水》和《太陽照在桑乾河上》一類作品，全然說成是「狂熱的宣傳」，「圖解現成的公式」。這非但不客觀，也不科學。像夏志清先生就極其看不上《水》，認為它除了是「宣傳上的濫調」以外，還從文筆「看出作者對白話辭彙運用的笨拙，對農民的語言無法類比。她試圖使用西方語文的句法，描寫景物也力求文字的優雅，但都失敗了。《水》的文字是一種裝模做樣的文字。」

王蒙先生在《我心目中的丁玲》一文中，對「丁玲現象」有所揶揄的同時，還是客觀地評價了作為小說家的丁玲。他認為她「筆下的女性的內心世界常常深於同時代其他作家寫過的那些角色。她自己則比迄今為止『五四』以來的新文學作品中表現過的（包括她自己筆下的）任何女性典型都更豐滿也更複雜更痛苦而又令人思量和唏噓。」

丁玲的早期小說不是來自「群眾」，而是源於自己的心靈深處，是絕對自我的。她晚年已經不寫小說了，極力主張「作家是創作文學作品，是寫活的歷史，是要寫出能令讀者感到的具有實感的人物、情節、故事、人的心靈活動、人與人的關係、人們生

活中的善惡美醜等等，如果不親自到群眾中去經歷、體驗，是寫不出來的。」

　　談到自己的寫作時，她說她「從來不考慮形式的框框，也不想拿什麼主義來繩規自己。」「我只是任思緒的奔放而信筆之所至，我只要求保持我最初的、原有的心靈上觸動和不歪曲生活中我所愛戀與欣賞的人物就行了。」

　　但她越來越強調，「作家是一個創作家，要描繪形象，抒寫感情；但同時也是一個政治家。他有高度的政治熱情，把政治溶入他所描寫的形象、感情中，使讀者覺得這只是文學；但這些吸引人的優美的文學卻起到政治上的作用。」她有篇文章的題目就是《作家是政治化了的人》。我不知她早期要是抱著這樣的理念寫作，還能否會有夢柯和莎菲，甚至後來的貞貞和陸萍，而「政治」的《太陽照在桑乾河上》更常在藝術上被貶得「一錢不值」，認為她幾乎完全喪失了藝術個性，甚至包括她作為一個女作家的獨特稟賦。這難道是作家與藝術關係上的一個悖論嗎？文藝作品真能像她說的，既是「活生生的生活裏的東西，又是非常深刻的政治化的東西」嗎？我說不清楚。

　　她還主張「作家要經常勉勵自己去掉私字。不為名，不為利，不為地位，不為權勢，沒有成見，沒有派性，為人正派，不為個人感情所左右，有寬廣的胸懷。」要無愧於黨員的稱號。換言之，作家在是一個作家的同時，還應該是共產主義的堅強戰士。

　　這已經是一個大公無私的丁玲，是共產主義的丁玲。

　　丁玲喜歡真性情的人，也願做真性情的人，不虛偽，不耍兩面派，不搞陰謀，光明磊落，「飛蛾撲火，非死不止。」

　　丁玲說：「作家的生命在於作品」。這是不該有任何疑義的。

新世紀的讀者還在讀她的小說，說明她的作品還有生命力，也說明作為作家的她依然活著。

二〇〇一年十二月十二日

「另類」的丁玲

　　中國人肯定是習慣將約定俗成，甚至見怪不怪的人或事稱作能夠接受的「本類」的，要不爲什麼總把那不能接受的「叛逆」的人或物歸爲「另類」呢？丁玲在創作伊始就以「另類」的手法塑造了叛逆的「另類」小說人物莎菲。因爲在莎菲之前，中國的文學人物裏面從沒有出現過這一類女子，竟敢在慣於把女性當玩物的男權社會，反過來「玩弄」男性，且「以別人的痛苦爲快樂，以自己的生命爲玩具，這個人物雖然以舊禮教的叛逆者的姿態出現，實際上只是一個沒落階級的頹廢傾向的化身。」（周揚語）打入「另類」自然也就不在話下。

　　可以說，丁玲最早就是以「另類」女作家的面目登上文壇的。對於寫作的初衷，她在晚年寫的《我的生平與創作》中說：「我感到寂寞、苦悶，我要傾訴，我要吶喊，我沒有別的辦法，我拿起了筆，抒寫我對舊中國封建社會的憤懣與反抗。因此，我很自然地追隨我的前輩如魯迅、瞿秋白、茅盾等人，和他們一樣，不是爲了描花繡朵，精心細刻，爲了藝術而藝術。或者只是爲了自己的愛好才從事文學事業的。不是的。我是爲人民，爲民族的解放，爲國家的獨立，爲人民的民主，爲社會的進步而從事寫作的。」

　　丁玲這樣說是不是一種「勝利者的宣傳」不得而知。但假設

她寫《莎菲女士的日記》時，是抱著「她的全部不滿是對著這個社會而發的」的馬克思主義者的自覺，而不是一個小資產階級知識女性的「頹廢傾向」，還會有日本學者中島碧女士在其《丁玲論》中說的那個丁玲嗎？「敢於如此大膽地從女主人公的立場尋求愛與性的意義，在中國近代文學史上，丁玲是第一人。」

有意思的是，丁玲一生的生活和文學創作始終就是在「丁玲——莎菲——丁玲式」的「另類」命運中輪迴著。以至於五〇年代有人在批判丁玲的「另類」時乾脆指斥說：「莎菲就是丁玲，丁玲就是莎菲！」「莎菲是個壞女人，丁玲就是壞女人！」晚年丁玲也許是意識到自己年輕時的「壞」，才在評說當年寫這個敢於赤裸裸表達女性的性愛和情愛要求的小說時強調，「莎菲沒有什麼性的要求嘛。」這時候，我覺得丁玲又不夠「另類」了。

由此就不難理解，到了八〇年代的丁玲，已不再喜歡人們談論她的《莎菲女士的日記》、《在醫院中》和《我在霞村的時候》等「另類」創作，而把《杜晚香》當成自己最好的作品。她在《我怎樣跟文學結下了「緣分」》一文中說：「我不幸，也可說是有幸總被捲入激流漩渦，一個浪來，我有時被托上雲霄，一個波去，我又被沉入海底。我這條小船有時一帆風順，有時卻頂著幾級颱風。但我因此得到了很難得的經驗，接觸了各種各樣的社會現象和人物，我這樣常在風浪中走，等於在不斷受到鍛煉，對我的寫作提供了很好的條件。」

這裏劃出了一條丁玲人生的大曲線，裏面當然包含著無數說不清的複雜的小曲線。但簡單說來就是，丁玲在「一帆風順」之後，從莎菲這一「另類」的「雲霄」，跌入了「激流漩渦」。當她從「風浪中」「不斷受到鍛煉」以後，又走向了「另類」的「杜

晚香」。這是再一次的「雲霄」，還是「海底」？「丁玲現象」
能那麼容易說清楚嗎？

我想，她也許是一輩子在文壇的是非恩怨裏「另類」怕了，
重出江湖以後，想過一種相對平穩的晚年生活。但這恰恰是在人
們開始掙脫束縛，沐浴著「右」的思想恩澤的時候，無形中她又
把自己推到了極「左」的「另類」堆裏。所以就有了現在人們要
「左右說丁玲」的話題，同時也爲「丁玲現象」又續貂了一個尾
聲。

王蒙先生在《我心目中的丁玲》一文中，引了一位大他七八
歲的名作家私下裏對他說過的話，那便是個明證。文中的某某，
王蒙先生顯然是爲了尊周揚的名諱，沒有說明。這是心照不宣
的。那位名作家如是說：「她與周揚的矛盾，大家本來是同情丁
的，但是她犯了戰略錯誤。五〇年代，那時候是愈左愈吃得開，
周揚批評她右，她豈有不倒霉之理？現在到了八〇年代了，是誰
『左』誰不得人心，丁玲應該批判她的對立面『左』，揭露周揚
才是文藝界的『左』的根源，責備他思想解放得不夠，處處限制
大家，這樣天下歸心，而周揚就臭了。偏偏她老人家現在批起周
揚的『右』來，這樣一來，周揚是愈批愈香，而她老人家愈證明
自己不是很右而是很左，就愈不得人心了。」

丁玲有許多「另類」的面孔。施蟄存先生在《丁玲的「傲
氣」》一文中回憶丁玲在上海大學時的情形說，她第一是有「女
大學生的傲氣」，因爲那時上海還沒有幾所男女兼收的大學，另
外的「傲氣」是「意識形態上的傲氣。她自負是一個徹底解放了
的女青年。」我想這就有點「另類」了。她晚年在「意識形態上」
仍然是這麼「傲氣」，這麼「另類」。她有一次給青年作家學員

講話時說：「什麼思想解放？我們那個時候，誰和誰好，搬到一起住就是，哪裏像現在這樣麻煩。」她和胡也頻同居是如此，到後來與馮達同居也是如此。

這個時候她是「莎菲式」張揚的「另類」。

但很快，她就像她一九四二年在《風雨中憶蕭紅》中所說的那樣，「人的靈魂假如只能拘泥於個體的偏狹之中，便只能陶醉於自我的小小成就。我們要使所有的人都能有崇高的享受，和爲這享受而做出偉大犧牲。」她「左傾」了，主編了左聯機關刊物《北斗》，反蔣抗日。她革命了，一九三二年二月加入了共產黨。不久便被國民黨視爲「另類」，遭到綁架逮捕，關在南京等地囚禁了四年。她晚年的回憶錄《魍魎世界》記述的就是這一段的經歷。

不知有多少人責難，丁玲在關押期間，居然還和出賣了她的叛徒丈夫馮達生了女兒。可眞夠「另類」的了。在他們心目中，此時的丁玲正和她筆下的貞貞一樣，是個在雙重意義上喪失了節操的「寡廉鮮恥的女人」。我想，在慣常把革命看成連作爲人的權利也要一起革掉的人們，主要是男人們的眼裏，這種行爲無疑是給革命抹黑的「另類」的行爲。但只要稍稍從一個人，特別是女人，在信仰和理想之外還有性欲和情愛的基本要求上來考慮，誰還是或誰該是「另類」呢？

我想，正是因爲有了這種非常的經歷，丁玲才能將《我在霞村的時候》裏的貞貞寫得蕩氣迴腸，光彩照人，塑造出一個偉大而豐富的靈魂，並借貞貞之口說出了她作爲女人的獨特、複雜、精微、細膩的感受：「每個人一定有著某些最不願告訴人的東西深埋在心中，這是指屬於私人感情的事，既與旁人毫無關係，

也不會關係於她個人的道德。」這純粹屬於對女人私處隱秘的闡釋，給喜歡揣測旁人隱私的人們提供了足夠大的想像空間。他們也許還會齷齪地在想像中揣摩著日本兵獸性蹂躪貞貞時的快慰，並恨不能是自己替丁玲在南京寫的那份「變節行為」的自首書。

丁玲在獄中的遭際和感受不會比貞貞的舒服。借用王蒙先生的一句話說就是，她們都是「那麼屈辱、苦難、英勇、善良、無助、熱烈、尊嚴而且光明。」王蒙先生還有一點說得很到位：「她是那一輩人裏最有藝術才華的作家之一，特別是她的女性寫作，真是讓人牽腸掛肚，翻瓶倒罐。丁玲筆下的女性有一種特殊的魅力，娼妓、天使、英雄、聖哲、獨行俠、弱者、淑女的特點集於一身，卑賤與高貴集於一身。」

丁玲在《我在霞村的時候》裏說，「我是一個喜歡有熱情的，有血肉的，有快樂，有憂愁，卻又是明朗的性格的人。而她（貞貞）就正是這樣。」丁玲自身何嘗不是這樣呢！

可是當她一九三六年逃離南京，抵達陝北，在延安叛逆了早年的那個莎菲，以「西北戰地服務團」團長之職奔赴山西抗日前線，無疑成了小資產階級知識女性眼中的「另類」之後，因寫了《我在霞村的時候》、《在醫院中》和《「三八節」有感》等小說、散文，遂又成了無產階級革命隊伍裏的沒有分清「延安」還是「西安」的「另類」。多虧毛澤東在延安整風時「偏袒」了她這位湖南老鄉，說「《『三八節』有感》雖然有批評，但還有建議。丁玲同實味不同，丁玲是同志，實味是托派。」領袖定了調，丁玲暫時躲過一劫。

曾幾何時，毛澤東與丁玲過從甚密。一九三六年冬，丁玲甫抵延安時，毛澤東還特為歡迎丁玲投奔革命聖地作了一首《臨江

仙》，稱讚她「纖筆一枝誰與似，三千毛瑟精兵。」在延安，能跑
到毛澤東窯洞裏聊閒天的人可不多，丁玲是極少數中的一個。據
陳明回憶：「有一次，丁玲開玩笑說，我看延安就像個小朝廷。
毛澤東接著話茬說，那麼，那妳得給我封官啦。丁玲就說到幾個
人，其中說林伯渠可以做財政大臣，彭德懷可以做國防大臣什麼
的。毛澤東又笑著說，妳還沒有給我封個東宮、西宮呢！丁玲說，
這我可不敢封，要是封了，賀子珍還不跟我打架啊！」

　　這一方面應該反映出毛澤早在延安時期潛意識裏就已暴露出
的封建皇權思想，同時也顯現著毛澤東和丁玲非比尋常的親密關
係。丁玲帶領的「西戰團」赴山西和回延安途中，毛澤東多次打
電報關照。一九四〇年十月，毛澤東還在中組部就審查丁玲關押
南京期間是否自首的結論時，親自加了末尾一句話，「因此應該
認爲丁玲同志仍然是一個對革命忠實的共產黨員。」也許正因爲
此，江青才在得勢以後，打翻了醋罈子。

　　一九四九年以後，毛澤東顯然不喜歡丁玲了。《太陽照在桑
乾河上》和「斯大林文學獎金」都救不了她。她再一次成了「另
類」。一九五六年，周揚開始大肆攻擊丁玲，列舉了她一系列的
「反黨」行爲。第二年，毛澤東爲誘使牛鬼蛇神出籠，便於鋤掉
毒草，親手發動了「反右派」運動。丁玲在一九五五年被打成
「丁陳反黨集團」，事隔兩年之後的一九五七年，又一次被打成
「丁馮右派反黨集團」。這回的批判文章是由毛澤東親自操刀，
做了大量的修改和加寫：「丁玲在南京寫過自首書，向蔣介石出
賣了無產階級和共產黨。她隱瞞起來，騙得了黨的信任。……一
九五七年《人民日報》重新發表了丁玲的《『三八節』有感》。
……我們把這些東西搜集起來全部重讀一遍，果然有些奇處。奇

就奇在以革命者的姿態寫反革命的文章。」

　　這個時候她又是「貞貞式」屈辱的「另類」。北大荒和牢獄對她成了最好的去處。

　　晚年丁玲被視爲「另類」，主要是由於她在含冤那麼多年，在遭受了那麼大的罪之後，竟然不「揭露」，不「控訴」，而是悟出「作家是政治化了的人」。那是因爲她相信，「什麼日子我都能過。我是共產黨員，我對黨不失去希望。我會回來的，黨一定會向我伸手的。海枯石爛，希望的火花，永遠不滅。」（《「七一」有感》

　　有些作家文人儘管他巴不得趕緊被「政治化」，好享受與之相匹配的一級政治待遇，可他表面上卻總還要裝出一副好像特別討厭「政治化」這個提法的超脫樣子，憤世嫉俗、不食人間煙火似的。這何嘗不矯情呢？見到這樣的人，我就禁不住像吞了隻蒼蠅般的噁心。

　　丁玲好歹是「政治化」的率眞，並因此受到太多的「傷害」，但卻又不能因爲她的受傷，就不懺悔、反省她「傷害」過像蕭也牧那樣有才華的作家。她在一九五一年七月寫的《作爲一種傾向來看──給蕭也牧同志的一封信》，幾乎就等同於一篇「政治化」的討伐檄文。而且，她作爲批評者主動施與的話語方式，與她在延安以及後來作爲被批評對象挨批時被動接受的話語方式如出一轍，只不過這次的「另類」是蕭也牧，而非丁玲。我簡直難以相信，這篇書信體文章的作者同《我在霞村的時候》和《「三八節」有感》的作者竟是同一個人。

　　「另類」的角色是可以互換的。其實說到家，「另類」與「非另類」原本就是「本是同根生」的同類。想想像這種螳螂捕蟬、黃

雀在後的批評、鬥爭方式及情形在我們的文壇，多的不計其數，甚至恩澤至今。發人深思啊！

　　像許多現代作家一樣，丁玲一九四九年以後的創作以小說為主，而一九四九年以後，特別是在摘掉「右派」帽子，獲得平反昭雪，恢復政治名譽以後，則以散文創作為主。也許是散文這個體裁更適合經歷過些滄桑憂患的人們抒發情感意緒，反思蹉跎年華的緣故，到了一定歲數的作家，像巴金、冰心、夏衍、蕭乾、季羨林等等，他們晚年的散文，尤其是帶有回憶錄性質的散文，更是自然而然地成為了歷史記憶的一部分，烙印下了特定時代的文學留痕。

　　丁玲也是如此，她說：「人不只是求生存的動物，人不應受造物的捉弄，人應該創造，創造生命，創造世界。」她在復出文壇以後，寫了大量的散文，包括《訪美散記》，以及兩部散文回憶錄《魍魎世界》和《風雪人間》，也寫了小說《在嚴寒的日子裏》。用她自己的話說就是，「寫各種各樣的人、事、心靈、感情，寫塵世的糾紛，人間的情意，歷史的變革，社會的興衰；寫壯烈的、哀婉的、動人心弦的，使人哭、使人笑，使人奮起，令人嘆息，安慰人或鼓舞人的文章。」（《我的自傳》）

　　短短千把字的《彭德懷速寫》歷來被認為是丁玲散文中的精品，它用樸素、大膽而準確的白描語言，勾勒出一位紅軍高級指揮員的剪影速寫。正如詩人牛漢所說：「寫他，正需要那些像泥土一樣平凡、石頭一樣沉重的語言去寫。這才能逼真地塑造好這個真實對象，完成一個血肉之軀的藝術生命。」

　　有至情有至性，才能成就真散文。《一個真實人的一生》以深沉的摯情、真誠的崇敬，追憶昔日的生活和革命情侶胡也頻，

是怎樣矢志於文學事業，並從一個漂泊者邁向革命征途，獻出寶貴的青春生命；《我所認識的瞿秋白同志》將感情豐富，對愛情如醉如痴，有堅定信仰和勇敢氣魄，最後慷慨就義，「乃是一個大勇者」的秋白，立體地塑造出來。「秋白的一生不是『歷史的誤會』，而是他沒能跳出一個時代的悲劇。」

在丁玲的內心世界裏，胡也頻、瞿秋白這兩個精神偉岸的男性，也使她具有了一如他們的率真和堅定。劫後餘生，她說：「我正是這樣的，如秋白所說，『飛蛾撲火，非死不止』。我還要以我的餘生振翅翱翔，繼續在火中追求真理，為謳歌真理之火而死。」

丁玲以為，「一篇散文也能就歷史中的一頁、一件、一束情感，留下一片艷紅，幾縷馨香。……能引起讀者的無窮思緒，燃起讀者的一團熱情，給人以高尚的享受，並從享受中使人的精神充實、淨化、昇華。」丁玲從早期寫《五月》、《風雨中憶蕭紅》等散文篇什，到晚年寫出厚重的《「牛棚」小品》、《魍魎世界》、《風雪人間》的過程，不啻就是從精神煉獄中的磨難到人格思想深呼吸的一次歷練，一種昇華。身陷牢獄也好，蹲牛棚，下放北大荒也罷，孤獨可以壓迫她的呼吸，卻無法窒息她的生命。她認定自己是無辜的「罪人」。「他們能奪去你身體的健康，卻不能搶走你健康的胸懷。你是海上遠去的白帆，希望在與波濤搏鬥。」「我將同這些可惡的惡魔搏鬥。」真誠、樸素、倔強、勇敢、樂觀、悲壯，閃爍著思想的火花和理想智慧的光芒。樸素中溢出高山流水的境界，沖淡處透發梅雪爭春的清芬，酣暢裏閃現粗獷豪邁的雄奇。

香港著名學者司馬長風先生在他的《中國新文學史》中這樣

評價丁玲的散文：「丁玲這位以小說成名的作家，散文也相當出色，她眞吐胸臆的風格，有幾分像徐志摩和郁達夫，但沒有郁的委婉和徐的蘊藉，反之她有男子氣，長風破浪的豪放。」我以爲然。

丁玲散文的語言自然、樸素，激昂、豪放。凝練深邃，雄健酣暢。她說：「樸素的，合乎情理的，充滿生氣的，用最普通的字寫出普通人的不平凡的現實的語言，包涵了生活中的各種情愫。」這樣的語言「才能使讀者如置身其間，如眼見其人，長時間迴聲縈繞於心間。」（《美的語言從哪裏來》）

我倒想用她在散文《秋收的一天》裏描繪陝北秋色的話來形容她的散文，「不以纖麗取好，不旖旎溫柔，不使人吟味玩賞，它是有一種氣魄，厚重、雄偉、遼闊，來使你感染著爽朗的秋季，使你浸溶在裏面。」

二○○一年十二月二十一日

冰心：冰清玉潔，真愛永存

一

　　我能成為冰心先生的小朋友，完全是沾了在文學館工作的光。我剛到文學館不久，被分配在資料徵集室，專門跑到作家家裏去徵集書籍、照片和創作手稿。我最常跑的兩家，就是我的恩師蕭乾先生和他的「世紀大姐」冰心先生的家。在好幾年的時間裏，蕭先生的家我是每週至少跑兩趟。冰心先生家我大概兩三個月左右去一次。

　　記得是在一九九一年夏，冰心先生出版了一本《冰心九旬文選》，她送我書時在扉頁上題贈我一句話：我看你有前途。我想，這十幾年來，我能執著於我所鍾愛的文學事業，是與冰心和蕭乾二位先輩的厚愛與鼓勵分不開的。

　　在冰心先生自一九九三年住進北京醫院到她去世的六年時間裏，我去探望的機會少了。尤其是一九九七年八月她患肺炎，經醫生搶救脫離危險，身體和精神狀況大不如前以後，醫生和家人為了能讓這位世紀同齡的老人在平靜中迎來二十一世紀，謝絕探視。

　　因為患的是心衰，她基本不能下床，除了家人，外人已不大認得清。話也很少，只是每天由家人或護士扶起在床上坐一會兒，其他時候便是靜靜地躺在雪白的病床上，望著窗外的陽光出

神。她在青年時代就喜歡空闊高遠的環境，不怕寂寞，不怕靜獨，願意將自己消失在空曠遼闊之中。

我在想，這個時候的她痛苦嗎？鼻飼使她非常難受，飲食的味覺和飯香她無法品嘗。雖然晚年「病中、靜中、雨中，是我最易動筆的時候」，還結集出版了一本《冰心九旬文選》，但她已不得不放下心愛的筆，與她愛著的讀者甚至家人都無法交流。

真的「感謝上帝，在我最初一靈不昧的入世之日，已予我以心靈永久的皈依和寄託。」我相信，她生命成長中經歷的每一件事情，心靈裏迸激起的每一朵水花，始終都在她渺冥的混沌裏甦醒著。這純潔的靈魂永遠屬於上帝。

她一定在想大海。她把看護她的白衣天使幻化成天堂裏的安琪兒，帶她回到芝罘東山的海邊。那個獨步沙岸看湧起的潮汐要把天地漂浮起來的小女孩，充耳盈目的只是青鬱的山，蔚藍的海。那裏的一草一石，一沙一沫，水兵、軍艦、海濤、號角，對她都有無限的親切。她原是海的女兒，終要歸於大海，不貪戀人間暫時的花朵，而要做海中永久的靈魂，伴著海風清波垂月，枕著晚霞皎月長眠。她會感謝睡神，用夢簾將白晝分開，在無意識裏留一個清絕的記憶，敘說一縷不可言說的惆悵，一份不可言說的美好。

她愛大海。母親孕育了她的生命，大海潤澤了她的性靈。她是一位海化的詩人，她的《繁星》、《春水》，她的小說、散文，所有的文字都折射出她海一般的博大胸襟和洋溢著愛的浪漫理想。

是啊，她一想到大海，心胸就開闊起來。她從心底感謝父母教她養成一種恬淡、返乎自然的習慣。這使她尊敬生命，寶愛生命。「我對人類沒有怨恨，我覺得許多缺憾是可以改進的，只要

人們有決心肯努力」。所以，她是帶著天使般的聖愛來到人間，
以一顆澄澈透明的處子之心，一份清醇雋永的豪邁之情，用她的
筆向世人昭示愛的哲學，飄散心靈裏的笑語和淚珠，在夜氣如
磐、大地沉沉的時候，告訴人們要追求眞善美，憎恨假惡醜，
「以愛來解決人世間一切的苦惱與糾紛。」在她眼裏，人類彼此
間隔膜產生於不相愛，只有愛能解決一切。

　　她的生命在愛裏得到昇華。「假如生命是無味的，我不要來
生。假如生命是有趣的，今生已是滿足的了。」她在病榻上是滿
足的。她沒有什麼放不下，她那寬容博愛的基督情懷能夠包容一
切。一種崇高的愛的理想和背負十字架的獻身品格始終是她人生
的精神支柱，正是憑了它，她在任何的新舊苦樂、榮辱得失面
前，保持著眞摯和忠誠。

　　她在想上帝對這個世界的絕妙諷刺嗎？連她這樣一位整個身
心都沉浸在「花、光、愛」裏的人，竟也逃不脫「文革」的紅色
魔爪，一夜之間變成了牛鬼蛇神，被造反派誣爲黑線作家，司徒
雷登的乾女兒。接受「群衆批鬥」時，又因將報社說成「報館」，
而被指斥爲是「頑固堅持國民黨立場。」「生命中不只有快樂，
也不是只有痛苦。快樂和痛苦是相生相成，互相襯托的。」對這
場磨難，她可以一筆帶過。基督寬宥一切。

　　但歷史會饒恕那噩夢十年的罪惡嗎？事實上，八〇年代以
後，老人更以切進生活的熱情和力度呈示自我，回首歷史，臧否
時代，以她至誠至眞的留念與希望，在譜寫自己作爲歷經百年大
時代變遷的中國知識份子心靈史的同時，警醒世人勿忘那場本世
紀人類最大的災難之一。老人還以「老而不死的心」，寫下許多
篇泣血的「請求」、「呼籲」，爲教育請命，爲國人奮爭了一個

世紀的科學、民主疾呼，表現出赤誠的拳拳愛國情懷和強烈的民族憂患意識。敬佩之餘，也不禁讓人感歎萬分。

她累了。人常說，人在病床上最容易思念母親。她能不想念自己的母親嗎？母親是她的心之光，她對「愛」的最初領悟便來自母親。「鴻蒙初闢時……人類在母親的愛光之下，個個自由，個個平等！」她的自我人格形象一半也是來自母親慈祥溫厚的情感和蘊藉典雅的品格。她最愉快的回憶是「挨坐在母親的旁邊，挨住她的衣袖，央求她述說我幼年的事。」冰心的戀母情結異乎尋常，宣示母親「乃是世界上最好的母親中最好的一個。」母親去世，她感到生離死別是人類情感中最撕心裂肺的一刻。

病床上的她依然慈祥溫厚，臉上永遠充溢著睿智的思想內涵和天真未泯的童趣。病魔的手怎麼能拂去這層聖潔。她知道在和死神挽手，她高興要去尋母親，眼神便有了超然飄逸、寧靜淡泊的神韻。她一定又在想了，在想以萬頃滄波作墓田，「何如腳兒赤著，髮兒鬆鬆的綰著，軀殼用縞白的輕綃裹著，放在一個空明瑩澈的水晶棺裏，用紗燈和細樂，一葉扁舟，月白風清之夜將棺兒送到海上，在一片挽歌聲中，輕輕地繫下，葬在海波深處。」大海的懷抱，母親的搖籃。淒清，蒼涼，而豪邁。

冰心先生，我知道您的所思，所想，因為我是沐浴在您的愛裏成長。愛是永恆的。但您該睡了，明天斷不會是濃蔭之晨，窗外的陽光會更新鮮。您依然會做夢，做許多個翠綠的夢。我也會同您一起做夢，夢得醉人。會做夢才是有福的。

我祈禱，為您的夢。

二

　　「生命中不是只有快樂，也不是只有痛苦。快樂和痛苦是相生相成，互相襯托的。」「世事滄桑心事定，胸中海嶽夢中飛」，這是一九二四年梁啓超書贈冰心的一副對聯，至今它仍掛在冰心家的客廳中央。其實，它正映照出冰心的人格理想與人生境界。「我一生九十年來有多少風和日麗，又有多少狂飆暴風雨，終於到了很倦乏很平靜的老年，但我的一顆愛祖國、愛人民的心永遠是堅如金石的。」

　　作為詩人，冰心早在三〇年代就被認為是中國「新文藝運動中的一位最初的，最有力的，最典型的女性的詩人、作者」。（阿英）冰心從二〇年代初到八〇年代，從未停止過詩歌創作，她把一生最美、最真誠的情感和思想都留在了詩中，而她詩歌藝術上的溫婉、典雅、澄澈、淒美、雋永，確是留給中國現代文學的瑰寶。

　　冰心詩就內容而言，大體上可分為三類：以開創了小詩流行時代的《繁星》、《春水》為代表的哲理小詩；《繁星》、《春水》之外的抒情詩；一九四九年以後的政治抒情詩。

　　《繁星》、《春水》大多是詩人瞬間靈感的記錄，詩中有關於母親之愛、童真之愛、人類之愛、自然之愛、上帝之愛，也有關於死亡、永生、黑暗、哀傷、柔弱、沈默、悲觀的理解，還有一些關於理解的「神秘」。

　　從《繁星》、《春水》「愛」的思想張揚，詩的格言體式，到「澄澈」「淒美」的風格，都明顯烙印著泰戈爾《飛鳥集》的胎痕。冰心在一九二〇年寫的《遙寄印度哲人泰戈爾》一文裏，明確自述說：「謝謝你以超卓的哲理，慰藉我心靈的寂寞，」「你的極端的信仰──你的宇宙和個人的心靈中間有一大『調和』的

信仰；你的存蓄『天然的美感』，發揮『天然的美感』的詩詞，
都滲入我的腦海中，和我原來的『不能言說』的思想，一縷縷的
合成琴弦，奏出飄渺神奇無調無聲的音樂。」

　　對於在當時文壇造成極大聲勢和影響並贏得了「冰心體」的
《繁星》、《春水》，冰心自己並不當成一回事，說那「不是詩」。
「至少那時的我，不在立意作詩。我對於新詩，還不瞭解，很
懷疑，也不敢嘗試。我以爲詩的重心，在內容而不在形式。」
（《冰心全集・自序》）她認爲詩不論新舊，都應該有格律，同時
注重音樂性，在情感上也要有頓挫。「三言兩語就成一首詩，未
免太草率了。」

　　冰心的小詩不是時代的號角，從裏面尋覓不出什麼崇高偉大
的思想，用她自己的話說，那只是些「零碎的思想」。可以說，
冰心的《繁星》、《春水》是一個剛剛涉世的青春少女把她對人
生、對人類、對眞理、對自然、對宇宙等等所做的不成熟思考，
以詩的形式反映眞實心跡的記錄，或者說是童心的一種詩的表達。

　　冰心對中國現代詩壇的眞正貢獻來源於她的抒情詩，尤其包
括一組發表在一九二一年北京基督教青年會會刊《生命》上的基
督教讚美詩。就寫宗教讚美詩而論，冰心或許稱得上是中國新詩
史上第一人。

　　這組讚美詩無疑是冰心對基督教內在情感的自然流露，她說：
「《聖經》這一部書，我覺得每逢念它的時候，——無論在清晨
在深夜——總在那詞句裏，不斷的含有超絕的美。其中尤有一兩
節，儼然是幅圖畫；因爲它充滿了神聖莊嚴、光明奧秘的意象。
我摘了最愛的幾節，演繹出來，自然原文的意思，極其寬廣高
深，我只就著我個人的、片段的、當時的感想，就寫了下來，得

一失百，是不能免的了。」

冰心是最早接受基督教思想影響，並深受基督教文化浸淫、且具有很純粹基督教情感的現代作家之一。也正是從這個層面上，可以說，這組宗教讚美詩所具有的思想文化意義，遠遠超出了其詩歌藝術本身。

最為重要的是，冰心的宗教情感同她愛大自然，愛母親，愛兒童，一起構築起她文學人生裏「愛的哲學」的母題。換言之，冰心是把基督教、自然、母親、兒童，甚至國家、民族都作為一個複合的「母體」來愛的，所以冰心愛的哲學理念，其實就可以概括為是「母愛」，是基督教的聖母之愛。

母愛是最純粹自然的一種愛，它「不為什麼」，「不附帶任何條件」，「不因著萬物毀滅而變更」。在小說裏，一如她在詩歌、散文裏一樣，盛讚「母性的愛」、「宇宙的愛」（也就是「自然的愛」）和「兒童的愛」，這也正是冰心三位一體的真愛。「母親呵！你是荷葉，我是紅蓮。心中的雨點來了，除了你，誰是我在無遮攔天空下的蔭蔽？」「母親的愛，和寂寞的悲哀，以及海的深遠；都在我心中又起了一回不可言說的惆悵。」（《超人》）

在冰心心目中，人類以及一切生物的愛的起點，源自母親的愛。所以，歸根溯源，母愛主題是她愛心哲學的基點。她說：「有了母愛，世上便隨處種下了愛的種子，……萬物的母親彼此互愛著，萬物的子女彼此互愛著，……宇宙間的愛力，從茲千變萬化的便流轉運行了。」（《悟》）

愛是女人的最後停泊地，女人本身就是愛的化身，「叫女人不『愛』了吧，那是不可能的！上帝創造她，就是叫她來愛，來

維持這個世界。」（《關於女人·後記》）其實，對冰心來說，母愛毋寧就是孕育一切生命的上帝。《新約·約翰福音》中說：「萬物是藉著他造的，凡被造的，沒有一樣不是藉著他造的。」她眼裏的宇宙是充滿母性溫情的，造物主不僅天賦人以愛性，也把愛賦予宇宙間一切的物種，「你看母雞、母牛、甚至於母獅，在上帝賦予的愛裏，她們是一樣的不自私，一樣的忍耐，一樣的溫柔，也一樣的奮不顧身的勇敢。」「茫茫的大地上，豈止人類有母親？凡一切有知有情，無不有母親。」「造物者眞切的在我面前，展開了一幅完全的『宇宙之愛』的圖畫。」（《悟》）

簡言之，冰心的母愛主題來自《聖經》，她將抽象的似乎遙不可及的上帝之愛，轉化爲血肉可感、摯情可親的母愛。因爲母親同上帝一樣，是宇宙萬物的造物者，她不單是人類之母，也是自然之母，「我們都是自然的嬰兒，臥在宇宙的搖籃裏。」

在冰心眼裏，世界上最至高無上、博大無私的愛是母愛。母愛可以蕩滌撫慰人類一切對社會人生的鄙棄、失望和煩悶。母愛是孕育世間萬物生命的源頭，是母愛創造了世界，並使世界和諧。世界上如果沒有女人，失去了母愛，「這世界至少要失去十分之五的『眞』，十分之六的『善』，十分之七的『美』。」

綜觀冰心的文學創作，無論小說、詩歌，還是散文，至少有三分之二涉及母愛，所以冰心就成了中國現代文學史上獨樹一幟的「母愛作家」。

冰心的詩從二〇年代到三〇年代有較明顯的變化，即內容上逐漸從個人情感的象牙塔走進悲涼的現實世界，走向多災多難的祖國和人民；形式上從「零碎的篇兒」變到綿綿抒情，韻律、節奏、音樂性上有刻意追求，像《驚愛如同一陣風》、《我勸你》、

《惆悵》、《我曾》、《讚美所見》等，都具有「新月派」詩的韻律風格。

冰心詩沒能以獨立的風格從整體上對中國新詩的發展產生影響，不能不說是個遺憾。但她以《繁星》、《春水》那樣的小詩中，用童心創造的眾多的獨立意象，編織起一個最屬於她自己的獨立的藝術世界，並充盈著獨特的審美風格。

三

散文是冰心最喜愛的文學形式，散文占到她全部創作的三分之二以上。郁達夫說她「散文的清麗，文字的典雅，思想的純潔，在中國好算是獨一無二的作家了。」把雪萊「讚美雲雀的清詞妙句，一字不易地用在冰心女士的散文批評之上，我想是最適當也沒有的事情。」她的散文具有最廣泛的影響，「青年的讀者，有不受魯迅影響的，可是，不受冰心文字影響的，那是很少」。

冰心散文是個眞善美同一的藝術世界，她「讚美自然，謳歌自然，愛慕賢良，探索眞理。在夜氣如磐、大地沉沉的當時，她告訴人們要追求眞善美，憎恨假惡醜。」她「以愛來解決人世間的一切的苦惱與糾紛」。冰心的前期代表性作品，如《寄小讀者》、《山中雜記》和《往事》正是她眞誠人格、美的靈性、善的箴言的結合體，是她自我眞善美人格的寫照，同時也寄託了她最高的眞善美理想。

日本作家廚川白村認為，散文最重要的是將作者個人的人格底色濃厚地表現出來。冰心甚至說：「假如我是個作家，我只願我的作品，在世界中無有聲息，沒有人批評，更沒有人注意，只有我自己在寂寥的白日或深夜，對著明明的月，絲絲的雨，颯颯

的風，低聲念誦時，能再現幾幅不模糊的圖畫，這時我便要流下快樂之淚了。」因爲「最單純、最素樸的發自內心的歡呼或感歎，是一朵從清水裏升起的『天然去雕飾』的芙蓉。」

對於冰心來說，風格就是本人，她爲人爲文的品格「底色」統一爲清麗、典雅、純潔。她就是要在散文裏眞切地表現自己，她覺得「能表現自己」的文學，才是「創造的，個性的，自然的，是未經人道的，是充滿了特別的感情和趣味的，是心靈裏的笑語和淚珠……總而言之，這其中只有一個字──『眞』。」

像《寄小讀者》、《山中雜記》、《往事》、《南歸》等冰心早期作品，已經既是「最屬於她自己」的散文，同時也是其眞善美自我人格的眞實寫照。它們是冰心眞誠人格、美的靈性和善的箴言的結合體，最適合作青少年的審美教育書簡來讀。也許正因爲此，到五、六〇年代，她索性把主要精力投入兒童文學創作，「希望把兒童培養成一個更誠實、更勇敢、更高尙的孩子。」

冰心是以愛爲根的，她將「愛的哲學」的種子種在園裏，盛開出一朵朵平凡的愛的小花，最後她又收穫愛。愛既是她創作的文學母體，也是她衡量事物的價值尺度和精神歸宿。

冰心對愛的理念的解析，對愛的境界的啓悟，是隨著生理年齡和生命閱歷的增長而由單純澄澈變得深沉和凝重。她在二十一歲時寫的散文成名作《笑》裏，即揭開了愛的心幕，那是何等神奇美妙的意象，它使心靈「光明澄靜，如登仙界，如歸故鄉。」這種對朦朧抽象愛的夢影的捕捉，到她寫《寄小讀者》時，已昇華出人生的光華神韻：「愛在左，同情在右，走在生命路的兩旁，隨時撒種，隨時開花，將這一徑長途，點綴得香花瀰漫，使穿枝拂葉的行人，踏著荊棘，不覺得痛苦，有淚可落，也不是悲涼。」

　　冰心將愛確定爲自己寫作人生和精神心靈的宗教座標，她「只願這一心一念，永住永存，盡我在世的光陰，來謳歌頌揚這神聖無邊的愛。」即便到她在喪母的深悲極慟中長歌當哭，寫挽悼母愛，副題爲「貢獻給母親的在天之靈」的《南歸》時，雖然慨歎「人生本質是痛苦，痛苦之源，乃是愛情過重。但是我們仍不能不飲鴆止渴，仍從人生痛苦之愛情中求慰安。何等的癡愚呵，何等的矛盾呵！」但她義無反顧，一願「以母親之心爲心，」「成爲一個像母親那樣的人！」因爲，愛終歸「是慈藹的，是溫柔的，是容忍的，是寬大的；但同時也是最嚴正的，最強烈的，最抵禦的，最富有正義感的！」（《給日本的女性》）到這裏，愛在冰心的人生要義裏已經上升到一個新的層面，她賦予了愛一種厚重的歷史感和使命感。

　　她在戰後滿目瘡痍的日本，向同樣飽受戰爭創傷、並對中國人民懷著一種「贖罪感」的日本女性，發表演說：全人類的母親，全世界的女性，應當起來了！戰爭是不道德的，仇恨是無終止的，暴力和侵略，終究是失敗的！她提出要以母親的力量來制止戰爭，要以母親的名義教育後代：世界上一切人類生來是平等的，沒有任何民族可自喻「神明之胄」。國家與國家，民族與民族，人與人之間，只有在平等的立場上，通過愛和互助，才能建立永久的安樂與和平！顯示出冰心偉大無私的人道主義精神。

　　「生命從八十歲開始」。耄耋之年的冰心迎來了散文創作的第二度高峰。她文章雖然越寫越短，越寫越隨意，越寫越平淡，可那是把經過篩選的感情凝聚起來了，深含著對人生的思考，秀逸中透出蒼勁，醇厚裏溢發激越。她說：「我的文章越寫越短的原因，一來當然是我的精、氣、神，近來更不足了；二來我認爲

如果幾句話就能把心思都表達出來，那麼也不必枉費那些文字和符號。」

冰心在文壇耕耘了七十多個春秋，晚年雖心力不夠，只有時寫些短文，但她從沒有停止思考。她始終對國家和時代懷了一份熾熱、赤誠的心，她那張慈祥溫厚的臉上，永遠蕩漾著睿智的思想內涵和天真未泯的童趣，有一種超然飄逸、安靜淡泊的神韻。談到說真話，抒真情，寫小文，她說：「年輕時感情豐富，寫作時容易把感情鋪敘出來，這就是所謂絢爛；人老了，感情經過了篩選，就凝聚起來了，寫文章就越來越短，文筆看似平淡，實則內蘊辣味，深含著對人生的思考。」

一九九九年二月二十八日，上帝派往人間的愛的使者冰心帶著一個世紀的愛和夢去了天國。她原就是上帝派往人間的愛的使者。她能愛能恨，因了愛而恨，因了恨而愛。她視野裏的「愛」是超越了時代、政治和宗教的，所以她說「有了愛就有了一切。」

她帶著翠綠的夢走了，她會把她的聖愛也帶走嗎？眼前人們在利益和金錢驅動下奔忙的景象叫我害怕，下個世紀我們還會有她那樣的聖愛嗎？現在人們似乎越來越變得愛自己，也就是愛得自私，這尤顯出了她愛的高尚純潔和博大無私。沒有了愛的社會的繁榮不啻是死國的寧寂。她曾教導鼓勵愛女吳青說：「苟利國家生死已，豈因禍福避趨之。」也讓我們都記住吧，愛不光要溫馨，更要勇敢！

冰心正像她在《寄小讀者》裏說的，「一心一意，神魂奔赴的，」「盡在世的光陰來謳歌頌揚這神聖無邊的愛」了。

把二十世紀二〇年代一位署名赤子的評論家對冰心的評語作為定評依然是非常適合的：「冰心女士是一位偉大的謳歌『愛』

的作家，她的本身好像一隻蜘蛛，她的哲理是她吐的絲，以『自然』之愛爲經，母親和嬰兒之愛爲緯，織成一個團團的光網，將她自己的生命懸在中間，這是她一切作品的基礎——描寫『愛』的文字，再沒有比她寫得再聖潔而圓滿了！」

林海音的文學世界

　　林海音無疑是大陸讀者最熟悉和喜愛的臺灣作家之一。她的《城南舊事》以兒童的口吻，透過富有正義感、童稚可愛的小英子的眼睛，展現二〇年代北平的風土人情。它以樸實的寫實風格，超越了悲歡的童年回憶，具有獨特的魅力和永恆的價值。有學者說它是「人生最簡樸的寫實，它在暴力、罪惡和污穢佔滿文學篇幅之前，搶救了許多我們必須保存的東西」。林海音的原籍是臺灣苗栗。父親是客家人，母親是臺北縣的閩南人。母親婚後懷著她到日本，在大阪生下了小英子。那是一九一八年的陰曆三月十八。照理，大阪該是她的第二故鄉了！不，她心裏時刻不能忘懷的是北平！她三歲時隨父母從日本返回臺灣，父親先到了北平，母女倆在苗栗和臺北住了兩年，等父親安排好了一切，小英子便在五歲那年同母親坐了大輪船到天津而轉到了北平。

　　這裏才是英子的第二故鄉！她在北平住了二十六年，童年，少女，直到成為婦人，最美好的生命都在這裏度過，像樹生了根一樣，快樂與悲哀，歡笑和哭泣，所有的感情都傾注在了這座古城。她是從城南開始了一個北平小姑娘的生活，她開始穿打了皮頭兒的布鞋，開始喝豆汁兒，開始吃涮羊肉，也開始上師大附小一年級。清早，紮緊了狗尾巴一般的小黃辮子，斜背著書包，沐浴著晨曦去上學，是多麼地快樂、興奮和溫暖。

　　英子搬了許多次家，每次都沒離開城南。椿樹胡同，新簾子胡同，虎坊橋，梁家園，儘是城南風光。她會在陽光明媚的春天，到中山公園細細地品賞牡丹、芍藥。夏季的黃昏，她懶洋洋地倒在太廟靜穆松林遮掩下的籐椅上，捧讀一本心愛的書，喝幾口清淡的香片茶，聽幾聲悠長的夏蟬鳴。她是多麼熟悉這裏的風俗物事和人情世相呵！當她成為作家的時候，似乎深深地吸了一口氣，就能嗅聞到北平秋天的各種氣味，瀰漫在街道上和人群中的炒栗子香味，還有可人的葡萄、柿子、石榴、梨、棗等秋之果的陣陣清香。

　　英子苦戀著北平！她怎能忘自己最愛吃的豆汁兒、扒糕、灌腸，想想都要流口水；街頭那些個抑揚頓挫，妙語連珠，和諧悅耳的吆喝聲，到老都在腦海裏打轉；騎著小驢兒到香山雙清別墅看金魚，那金魚的美麗遊姿和小驢兒的醜怪鳴嘶，是多麼地難忘。「人生百歲幾日春，休將黑髮戀風塵，去年此地君曾至，想見蔦花待故人。」英子一閉上眼，她住城南時的那些景色和人物便會浮現眼前。童年的冬陽隨著駱駝隊的遠去一去不返，那緩慢悅耳的鈴聲，卻始終縈繞在心頭。童年過去了，可心靈的童年永存。她默默地想，默默地寫，就從生命裏的眞和性情裏，親切、自然地流溢出了不朽的《城南舊事》，有一股讓人覺到熱乎乎的親和力，充滿了生氣。葉石濤曾說：「她描寫取材並非她眞正的故鄉臺灣，倒是她長大成人的地方——北平。她和曼斯費爾德一樣有滿腔的鄉愁，這鄉愁並非由臺灣而引起的，正相反，她的鄉思卻針對北平而發起的！這鄉思是如此濃烈擾人，她不得不傾吐她對北平的愛慕與饑渴。」

　　林海音的文學創作生涯始於一九五〇年寫的一篇小小說《爸

爸不在家》。在此之前，她一直從事的是新聞工作。從北平世界新聞專科學校畢業後，她就進入了成舍我先生創辦的《世界日報》當記者。林海音覺得，新聞寫作一定要忠實地把各方面所發生的事情記錄下來，它只可以解釋，卻不能加入主觀的見解。比如一件刑事案，在未破案和法院審判以前，對任何人、任何事，都不能下斷語。她自然恪守這做記者的本份，但這樣的採訪k、記錄工作，日久天長一成不變，心裏便厭煩起來。她會對那案件發生疑惑，關心結果怎樣了，而且她也有自己的看法。這樣一來。新聞的照實記錄漸漸不能滿足她的寫作欲望，她要做的是把自己編排的故事寫成小說，她要假設那案子的主角涉案的動機，人物的類型，按自己的想像虛構故事的進展。

林海音幾乎是和五四新文化運動同時降生的。一九一九年新文化運動發生時，她剛是個襁褓中的嬰兒，是跟著這運動長大的。所以，她像塊海綿似地汲取著那個時代新和舊雙面的景象，那景象飽滿得她非要以寫小說的形式把它流露出來不可。於是，就有了《城南舊事》、《金鯉魚的百襇裙》、《婚姻的故事》、《燭》、《殉》等小說。

林海音開始閱讀二三〇年代作家的作品，正是她讀初中時。那時中外作品也真豐富，中國的她喜歡凌叔華、沈從文、蘇雪林、郁達夫等人的作品，外國的像俄國的屠格涅夫、陀思妥耶夫斯基，英國的狄更斯、哈代，德國的歌德，法國的莫泊桑、巴爾扎克，日本的谷崎潤一郎、川端康成、林芙美子等等，都是她喜歡的作家。她貪婪地閱讀著。林海音的小說創作大都以女性細膩的眼光，透過婦女的遭遇，來表現民國初年以來不同階層、不同類型婦女不幸的婚姻故事和悲劇命運，塑造了一系列成功的女性藝

術形象。而她的可貴，不僅僅在於以滲透著人性的女性寫作，形象地描寫與反映婦女們幾乎無一例外地忍受著愛情、婚姻和家庭的痛苦、不幸和折磨，而是「往往能從世界性婦女問題的癥結，來思考今日臺灣婦女的特殊遭遇，深度已達到超越女性的界限」。（《葉石濤語》）

　　女性小說的崛起始自五四時期，頭十年裏，女性作家競相出現，陳衡哲、冰心、盧隱、馮沅君、蘇雪林、石評梅、凌叔華，構成中國現代文學一道獨特瑰麗的風景。林海音的寫作，可說是直接承自五四，是五四一代才女們的營養滋潤了她的小說創作。她雖像得時代風氣之先的女作家們那樣，喜愛並擅長寫婦女題材和兒童題材，表現人生、婦女、家庭和社會等問題，富於強烈的主觀抒情色彩，但她的創作已不能僅算纖巧、簡婉的「問題小說」，也不屬於哀怨、琦麗的「閨閣文學」，而是充滿著強烈的「海音風」。她的卓越貢獻，更主要是在技巧方面，恰如高陽先生所說：「海音的作品的風格，是我們所熟悉的，細緻而不傷於纖巧，幽微而不傷於晦澀，委婉而不傷於庸弱，對於氣氛的渲染，更有特長。」

　　「為何我寫作？我心中所蘊蓄的必須流露出來，所以我寫作。」（貝多芬語）林海音正是這樣。那麼她如何把握小說題材呢？她所欽佩的前輩女作家凌叔華，當年和英國著名作家維吉尼亞‧吳爾芙用英文通信時，吳爾芙一直鼓勵凌用英文寫作，要寫自己切身熟悉的事物，說：「……繼續寫下去，自由地去寫。不要顧慮英文裏的中國味兒。事實上，我建議你在形式和意蘊上寫得很貼近中國。生活、房子、傢俱、凡你喜歡的，寫得愈細愈好，只當是給中國讀者的。……」林海音是在寫作四十年以後才讀到

這段話的，但她不禁心中驚喜：自己的文學寫作同這樣的寫作理念是這麼地接近呢！

　　林海音的寫作偏重於寫實，以實在的背景和人物，作爲主題，安排戲劇性的架構。這就是說背景是眞的，心情是眞的，但故事有所安排。例如《城南舊事》、《燭芯》、《殉》、《金鯉魚的百襉裙》、《婚姻的故事》、《曉雲》……等等，都是她少女時代所經歷的生活，經過心中一番蘊蓄，成熟了，就流露出來。

　　「姨太太」是中國舊家庭中常見的人物，林海音在那個時代見過太多的這類人物，她也就特別擅長塑造「姨太太」這一人物形象，因爲一個「姨太太」即差不多就是一部婦女愛情婚姻悲劇的辛酸血淚史。中國舊式家庭、婦女的痛苦生活和不幸命運，亦可從「姨太太」這類人物身上折射出來。在林海音這一題材的小說中以《金鯉魚的百襉裙》、《燭》、《殉》、《婚姻的故事》和《燭芯》最精彩，它們多以頗具傳奇色彩的故事架構，描述了新舊時代交替之際封建的一夫多妻制給婦女帶來的靈與肉的創傷。

　　林家的世交黃府是個大家庭，丫頭收房的就有好幾位，她們所生的子女都已長大成人或已嫁娶，但他們親生母親的丫頭身份仍未改變，連子女都不叫她母親，而仍以丫頭名呼之。《金鯉魚的百襉裙》正是林海音根據發生在黃府的眞實故事而創作的。這篇著名的短篇小說寫生活在清末民初的金鯉魚，六歲到許府當侍女，因許大太太生了一窩女兒，沒有兒子，十六歲時便被許大老爺納爲姨太太。未經多久，生下了兒子振豐。小說寫金鯉魚唯一的盼望是在兒子結婚那天穿一次紅色的百襉裙，而在中國舊式家庭，姨太太是沒資格穿這件大禮服的，但她覺得自己是許家唯一的香火繼承者的親娘，名分與地位應該改變了。「金鯉魚做了一

條百褶裙」的笑話傳遍了許府。振豐結婚前，大太太宣佈，少爺
受的是新式教育，現在也是民國了，當天連家裏的女眷都要一律
「新」起來——穿旗袍。金鯉魚的盼望成了空想，她生兒子的驕
傲一次次地被壓制下去。振豐長大了，體會到母親在家中低下的
地位，但他無力也無法改變，只有懷著一腔苦痛遠渡東洋求學，
一去十年。及至金鯉魚病故，振豐被急電催回。金鯉魚是妾，照
規矩棺材只能由旁門抬出。留過洋的振豐再也忍不住了，他扶棺
痛哭，為母親喊冤：「我是姨太太生的，我可以走大門，那麼就
讓我媽連著我走一回大門吧！就這麼一回！」這是多麼痛心的一
幕。金鯉魚的一生，到死都被封建傳統觀念的鎖鏈捆縛著。

　　這篇小說結構很別致，時空拉得很開，舊時代和現代錯落交
織，人物也一樣。寫的是祖母的百褶裙，卻讓未曾謀面的第三代
孫女姍姍登場，向爸爸要這條壓箱的舊物，去學校表演節目。振
豐一句「其實，現在看起來，這些都算不得什麼了！」一下子把
兩個時代的強烈對比和作品的藝術感染力烘托出來。孫女是活潑
潑地生活在無憂無慮的現代，而祖母是被怎麼掙扎也突不破的歲
月所埋葬。這實在稱得上是篇構思巧妙，佈局精緻，內蘊豐厚，
極見藝術功力的短篇小說佳作。

　　《燭》中的情節來自發生在林海音一位傅姓同學的家裏的真
事。這位同學的父親娶了她母親身邊的丫環為二房。她母親雖然
不高興丈夫納妾，內心十分痛苦，可表面卻裝得寬容大度。但自
從姨太太進門後，她就不再走進對面丈夫的房，而是每天躲在床
上裝病以引起丈夫的注意，同時也想借病來折磨丈夫和姨太太。
後來，三分病竟成了十分的癱瘓。她就在一盞燭光下，對著牆躺
了十幾年，直到丈夫咽了氣，對面房間發出哭聲時，心裏又恨又

悔。她活了一生卻癱了半生，只為丈夫在那個娶姨娘的天經地義
的時代娶了姨太太。她並沒有得到丈夫的同情和憐憫，而成了生
命的軀殼，一具活死人。

　　林海音對同學母親的印象深刻極了，她每次到同學家都會看
到一頂灰暗的蚊帳裏躲著的老婦人，半側著身子點燃一根蠟燭。
所以說，《燭》這篇小說的「題材可怕」完全源自作者獨特的生
活經驗。作者不是那種家庭主婦式的小說家，只會把狹窄的生活
經驗宣洩成情感的垃圾堆，而是用溫婉含蓄的筆調，為同學的母
親，即《燭》中的大太太，譜寫了一曲如泣如訴的悲涼挽歌。小
說藝術上的成功，在於它寫法的別致。大太太是自己把丈夫拱手
讓給了來幫她坐月子帶孩子的丫環秋姑娘，一個鄉下看墳人的女
兒。自打秋姑娘被收了房，大太太就再也找不到丈夫的房裏去。
她整天裝病，喊頭暈，面對一支蠟燭，將自己束縛在床上，想以
此來懲罰丈夫和秋姑娘。但直到她「退化了小腿，竟真的癱在那
裏」時，也沒人理解她心靈的痛苦和怨恨。反過來看秋姑娘，她
始終都是那樣卑賤順從，完全是自甘自願地為奴，為妾，服侍老
爺、大太太和孩子們，這使大太太的自我犧牲沒有一絲一毫的價
值。作品震撼人心的地方，正來自作者別具匠心地對兩種截然相
反的自我犧牲形式的刻畫，它是《燭》的藝術靈魂。

　　《殉》寫了一個發生在五四前後的「沖喜」的悲劇：朱淑芸
十四歲時被父親許給方家長子家麒，因未婚夫身染肺疾，遲遲不
能完婚。直到她廿三歲，家麒的病情更為嚴重，乃受命為沖喜而
結婚。過門一個月丈夫就死了，這個仍是處女之身的少女從此一
生留在男家，淒涼地伴著孤燈度過漫漫長夜。小說的題目「殉」
點明了主題，那樣的一個月，就是她全部的愛情和婚姻生活，使

一個少女從此逃避不了孤苦淒清的命運。雖然她對小叔子家麒懷著微妙的情感，但她甘願在親友的贊美聲中做個貞潔、孝順的寡婦。林海音說：「她雖然沒有以死相殉，但是這樣生活著，也和死殉差不多吧。」

林海音常想，許多女性在新舊衝擊的時代洪流中，想逆流向上，終於仍被沖到下流來，有的則一直在洪流中掙扎。她說：「我喜歡婚姻的故事，並不是愛探聽人家的秘密，而是從各種不同的婚姻故事中，探求人生的許多問題。」她熟悉大家庭的生活，大家庭生活給她帶來許多感觸，成了她寫作靈感的源泉。她以小說的方式，「把上代的事事物物記錄下來，那個時代是新和舊在拔河，新的雖然順利了，舊的被拉過來，但手上被繩子搓得出了血，斑漬可見！」

《婚姻的故事》描述了一系列婚姻悲劇。少婦芳成為姊夫的續弦，婆婆疼，丈夫愛，自己又生了兩個孩子，一家三代其樂融融。可丈夫是個文弱清癯的書生，缺乏生活情趣，她即與同事沈先生婚外交好，招來紛紛議論。她表面上若無其事，仍然我行我素，但內心痛楚，常暗自流淚。後來丈夫病歿，辦完喪事，她同沈先生的關係也淡薄下來。在芳看來，「夫妻應當是健康、相攜出入的一對，才是美的生活。」她需要異性的愛扶，而丈夫給她的只是寬恕和諒解，這反倒引起她心理上的反感、嫌惡和叛逆。「等到丈夫一死，她沒有了反抗的物件，反而心情平靜下來，也許覺得沈先生是一個可厭的人物了呢。」小說結尾，林海音借羅素《婚姻與道德》一書中的一段話，來寫照芳的情形，同時也是闡釋自己的愛的哲學，「現在的婚姻還有一個困難。最能體會愛情價值的人，尤其感覺這種難處。愛情要自由而自然，才能滋

長，要有職責的意思在裏頭，愛情就容易毀滅。假如向你說，你的職責所在，應當愛某某人，那包使你恨他。」也就是說，愛情是婚姻的基礎，寬恕、諒解甚至恩賜，不在愛的範疇，處在那樣婚姻裏的兩個人，只能是貌合神離。

《某些心情》、《瓊君》、《燭芯》、《晚晴》等幾篇小說寫的則是林海音同代人的婚姻故事。《燭芯》寫一對年輕夫妻在抗戰時分開，女主人公元芳苦苦等了八年，但到重逢時，那個信誓旦旦的丈夫卻已在後方另娶了，而且還生了幾個孩子。良心和責任使她的丈夫對兩邊都無法放棄。到臺灣以後，經不住丈夫的一再要求，元芳容納了另一個女人，接受丈夫每星期來住幾天像施捨似的愛情。她的一生就像一根蠟燭，禁不住別人一點點感情，就把自己犧牲了。小說結尾意味深長，元芳在苦等了廿五年之後，女性意識終於醒來，她離了婚，又結了婚。她需要一個眞正意義上的家。「燭芯燒完了，閃著閃著，掙扎地閃著最後的火光。」它深刻揭示出，女性要想擺脫殉道主義的自我壓制和自我犧牲，獲得眞切的精神生命和自然愛欲的贖救體驗，是要經過長期掙扎，並勢必要付出精神、肉體上的深重代價。

《晚晴》描寫一個妻子留在大陸的中年單身漢，住在公家的大宿舍裏，每天下班後過著單調的生活。一天，他偶然在巷口遇到一對年輕的母女，安晴和她一歲的女兒心心。她們的年齡和他當年離開大陸時妻女的年齡一樣，他不由得把這對母女化作自己妻女的影子。安晴的溫柔，心心的童趣，溫暖了他那寂寞的心，給他的生活平添了幾分歡樂。但安晴有個終年飄泊在外不負責任的海員丈夫，而他自己在大陸也有妻女。含蓄的他為這段感情中自拔出來，就離開臺北，去靜靜地療養情感上的創傷。像「他」

這樣的男主人公在林海音筆下實不多見，但在「他」身上，作者同樣是花心思來反襯在戰亂下被拆散了婚姻的婦女的命運。當時臺灣這樣的家庭很多，從這個意義上，《晚晴》具有一定的典型性。

愛情是文學作品表現的永恆主題，婚姻的故事永遠也說不完。林海音在描摹她的上代人和同代人婚姻悲劇的同時，也把筆伸向她的下一代及由大陸去台婦女的命運。《曉雲》、《孟珠的旅程》、《春風》、《風雪夜歸人》、《玫瑰》、《某些心情》等小說中的一系列女性形象，無論貧富或年齡、文化有多麼不同，幾乎無一例外地在情感和生活的河流中浮沉、掙扎。有的為生活所迫，淪為內心流著血淚的歌女，有的在失學失業的困境中尋找病態的愛情，也有的因埋頭事業而失去了幸福的愛情生活。這無疑是一群被社會侮辱、損害和吞噬的受虐者。在這類小說中，長篇小說《曉雲》最有代表性。

妙齡少女夏曉雲是媽媽大學時代與夏教授婚外生下的私生女。高中畢業後，因家境清貧，當了家庭教師。她只願與熱烈追求她的男朋友文淵保持兄妹式的關係，而不甘心充當媽媽秧架上的「強扭的瓜」。任教何家，她愛上了一直在情海裏苦苦煎熬的男主人公梁思敬。梁出身孤兒，少時熱愛美術，夢想著當藝術家。由於經濟窘迫，來到何家的公司做事。何老闆有錢有勢，強迫他與女兒何靜鵑成了婚。他原來的日本女人被何家迫害致死。在以金錢取代愛的家庭裏，他渴望著真正的愛情生活。由於曉雲是私生女，從小受到鄙視，一直在壓抑的環境下成長，身體嬌弱，心理也是病態的了。她在瞭解梁思敬的苦衷之後，從對他有好感便一下子轉為熱烈追求他。「我們是同命鳥！不是嗎？他是一個孤

兒，我的外祖父也是孤兒，我自己也幾乎是，我們同樣流著孤兒的血。」同是天涯淪落人的相知，使他們很快墜入熱戀之中。他們計畫私奔到日本開始共同的美好生活。就在他們東渡前夕，早已窺視他們私情的何靜鵑突然出現在曉雲面前。她感謝曉雲教導並不是她親生的女兒晶晶；送給曉雲一張萬元支票，說要帶孩子一起去日本，還告誡曉雲不要走她母親當初私奔的老路。遠走高飛的美夢化爲烏有。其實，曉雲從一開始就感覺到，這可能是一場病態的愛，其結果有可能是毀滅，可又有什麼關係，「卻已經歡樂過了！」不是足矣了嗎?!她有瞬間刻骨銘心的眞愛已經足夠。她不後悔，她帶著悲憤的心情躲到鄉下，等待自己體內的新生命降生。

林海音不滿足於只揭示以金錢爲基礎的婚姻是愛情的墳場，她一方面通過夏曉雲、何靜鵑、梁思敬的愛情婚姻糾葛，來表明無論是被金錢爲基礎的婚姻束縛的梁思敬，追求哪怕片刻眞心所愛的曉雲，還是「一次又一次」吞下丈夫不忠苦果的何靜鵑，都是不合理婚姻以及滋養這種婚姻的社會的犧牲品。另一方面，她同情甚至讚美夏曉雲與梁思敬狂熱的叛逆的愛。但生活的殘酷在於，有時美好愛情的獲得是以犧牲善良的無辜者爲代價的。可以看出來，林海音對病態的愛情有所批評，卻對至愛至純哪怕是離經叛道的愛情充滿了同情。所以，她把曉雲與梁思敬之間複雜多變而又刻骨銘心的愛，描寫得那麼細膩、溫馨、詩意盎然，把男女私情幽會那種微妙到無法掩飾的歡欣愉悅，描繪得淋漓盡致。意味深長的是，她把一種新的愛情觀念注入在嬌弱而倔強的曉雲身上，曉雲已不再可能成爲母親那一代婚姻愛情生活的翻版。曉雲和她未來的新生命，會有怎樣的命運？作者給讀者留下了廣闊

的想像空間，這也是林海音講究「不說」技巧的地方。

　　林海音執拗地把題材只限於女人身上，而又以女人細緻的觀察和敏銳的感受，來雕塑一個女人的世界。翻滾在這個世界裏的女人們，雖然有的也嘗到過生活的歡樂甚至刻骨的眞愛，但沒有一個女人得到眞正的幸福。林海音的小說幾乎都是寫女人的悲劇，婚姻，家庭，兒女，老人自始至終是她描寫的對象。「在這狹窄的天地裏，她洞悉人性的諸相，生爲當代中國人的苦難。雖然她的探求使得她觸摸了家庭以外社會枝枝節節的諸現象，那是無意觸及的，也令人覺得無關宏旨的陪襯，她眞正有興趣的，就只有最古老又深刻的問題──女人的命運。」（葉石濤語）在林海音的筆底，社會的蛻變，世事的滄桑和時代的推移，都是透過女人悲戚、酸苦的心聲來尋覓表現的。無論從這個角度還是藝術的圓熟上來分析，帶有濃郁自傳色彩和鄉土味的《城南舊事》都堪稱傑作。

　　《城南舊事》以五個可獨立成章的短篇連綴而成，故事的脈絡，以全書的中心人物英子從七歲到十三歲對成人世界的觀察貫穿起來。林海音通過童年回憶的鏡頭，拍攝下二〇年代北平城南的人情風物。而在這幅舊京風俗畫中，又演繹出種種人物的遭際。「林海音能夠成功地寫下她童年且使之永恆，是由於她選材和敘述有極高的契合。」（齊邦媛語）

　　林海音在城南的眞實生活大多和英子一樣，而她的乳名也正是「英子」。說到城南，「那更是閉上眼，琉璃廠，椿樹胡同，師大附小全都浮上腦際的地方，這輩子也忘不了。《城南舊事》裏的幾篇故事，家人、宋媽都一點不差，只有惠安館的瘋子，看海去的小偷兒，人是我親見的，故事卻經過一番編排。」至於家

事，就和英子完全一模一樣，「比如我的父親收容革命學生，宋
媽失去的子女，附小的學生生活，等等。」

《城南舊事》的中心人物仍然是女性，她們的命運全融在小
英子童稚的大眼睛裏。《惠安館》描寫活潑可愛的少女秀貞，與
青年學生思康相愛，後在戀人被迫出走，剛生下的女兒又被父
母扔到城外的雙重打擊下而發瘋。但她仍在內心癡戀著戀人和女
兒。在一個漆黑的雨夜，她帶著失去親生父母、學戲賣唱又被她
認作親生女兒的妞兒，去尋找愛人，結果雙雙慘死在火車輪下。
《蘭姨娘》描寫生於窮苦人家的蘭姨娘，三歲時，為給哥哥治病
被父母賣掉。從十六歲起，被迫過了整四年「煙花巷」生活。廿
歲時，又去做一個六十三歲有錢人的姨太太，受盡凌辱和損害，
最後設法逃離出那個罪惡的家庭。在英子家，她邂逅從事革命活
動的北大學生德成叔，兩人傾心相愛，一起離開了北平。

《驢打滾兒》中的宋媽因家境窘迫，不得不忍痛扔下兩個孩
子到城裏當奶娘。在英子家，她用無私的母愛，勤勞的雙手和民
間的情趣，哺育著嬌小的孩子。她省吃儉用，一到年底，便把攢
下的幾個血汗錢交給前來探望的丈夫「黃板兒牙」。但嗜賭成性
的丈夫先賣掉幼兒，兒子後來又溺水而死。宋媽的悲慘命運無疑
是中國廣大農村勞動婦女淒慘生活的真實寫照。在《城南舊事》
裏，數宋媽與英子歡樂的童年記憶關連最密切，這位命運淒苦的
鄉下婦女，即便在講別人的故事時也時常出現，這些片斷組接起
來，就構成一幅宋媽活生生的畫像。她淳樸簡單的智慧，常成
為連接童稚的英子與現實世界的一條靈魂的妞帶。雖然《城南舊
事》描繪的還是女人、家庭，但它深度的拓展和高貴的情操，更
引起讀者心靈中人性的共鳴。《驢打滾兒》是《城南舊事》裏最

有力度的一篇。作者有意在散發著抒情詩般的田園氛圍底下，舒緩平實地描繪宋媽的命運，看似不動聲色地娓娓道來，卻蘊藉著強烈的藝術感染力，也使宋媽的畫像成了《城南舊事》人物畫廊裏最鮮活豐滿的一幅。

　　林海音在《城南舊事》的「代序」裏說：「讀者有沒有注意，每一段故事的結尾，裏面的主角都是離我而去。一直到最後一篇『爸爸的花兒落了』，親愛的爸爸也離去了，我的童年結束了。」是啊，瘋女人秀貞、藏在草叢中的小偷、斜著嘴笑的蘭姨娘、騎著毛驢回家的宋媽，最後是慈愛的爸爸，一個個離開英子而去。「父親的花兒落了，我也不再是小孩子」，這裏包含著作者多麼深切的離別恨，相思情，刻骨銘心的痛惜和思戀，令讀者彷彿依稀看到文字的簾幕後面，閃爍著一雙盈盈的淚眼，童稚裏充滿的哀怨，純真裏蘊含了惆悵。英子長大了，離開了城南，但城南的人物風情，以其鮮明的色調和濃郁的鄉土氣息，留給了世人。

　　關於如何藝術地去構思小說，林海音曾說：「當我寫她們的時候，是順其自然發展，並未想到什麼結構呀、藝術呀，這些令人頭痛的事情。我不知道她們的結構如何，因為那些人物的典型，故事的經過和給我的感觸是早結結實實地儲存在我腦子裏許多年了。我寫她們的時候，不容我有所改變，我也不要改變。因此，順著早刻在我腦中的秩序，就流水般地奔放於我的筆端。」因而，自然奔放、清新雋永、委婉幽微，筆鋒常帶感情成了林海音的小說創作最突出的特色。她描寫人物注意性格化，還注重小說的情節化故事化，使她的小說「獲得的是通俗性，給予讀者讀不說的快樂。但這快樂並非皮相的情節所贏來的。……並非坊間的一般閨秀作家的迂迴曲折，纏綿悱惻，賺人眼淚的戀愛小說可

比擬。……林海音的文體和遣詞造句是我最喜愛的,文章之美,純粹口語,其典雅的格調已經達到音樂律動和氣氛。但,她用的是國語 , 並非北平土話 。 有些歐化的語句被錘煉得不留一絲絲火氣了。把她的文章和三〇年代一些著名的女作家的作品互相比較,我們不難發現當代作家白話文已達到另一個巔峰。」(葉石濤語)

　　是的,林海音這位當年的「凌迷」,在筆致上確實頗有凌叔華的清淡秀逸。她和凌叔華一樣,擅長心理寫實,描寫某些女性人物,如宋媽、曉雲、元芳、朱淑芸、金鯉魚等,顯得是那麼地眞切、細膩,自有一番男作家所難以企及的旖旎幽婉、哀豔動人的滋味,亦深得曼殊斐爾之親切、神妙和美韻。但林海音的筆不像凌叔華那般溫順,雖然在許多作品中,她的情感和才華同樣是內斂而不外揚,可她對人物心理精緻入微的刻畫及其文筆的力度,要比凌叔華強烈得多。同二、三〇年代前輩女作家相比,林海音的小說裏既有廬隱的悲愁哀怨,蘇雪林的清爽遒勁,凌叔華的疏朗飄逸,也有冰心的詩意抒情,以及石評梅的豪情壯懷。當然,博采衆家之精華而不失自我獨特的原汁原味。這「獨特的原汁原味」正是藝術的眞正生命所在,它來源於作家對事物藝術的把握和描述。像《城南舊事》、《殉》、《金鯉魚的百襉裙》、《曉雲》等,均是屬於林海音獨特的「這一個」,別人不能重複。這個藝術世界只能是她的。

　　在藝術情調上,林海音注重敘事的抒情性與人物的鮮活形象相和諧,使小說充盈著一種音樂的情感旋律。以《城南舊事》為例,濃郁清麗的詩意抒寫和哀婉淒切的故事情節交融,完全像一首恬靜淡雅、古樸華美、略帶憂鬱和愁怨的抒情敘事詩。《孟珠

的旅程》經常在富於詩情的自然美景下，把人物激蕩起伏的感情變化編織起來，以充滿詩意的細節描寫，突出人物的性格，襯托人物的心靈。

再如《曉雲》、《春風》等，小說的許多段落就像是一首首優美的散文詩。但林海音從不單純爲寫景而寫景，《曉雲》裏，她把溫情脈脈的私情幽會，寫進淒風苦雨的颱風之夜，令溫煦的愛心去抵禦寒風，「他不會冷的，任何男人把自己的衣服披在一位小姐身上，都不會冷的。」在《殉》裏，她寫方大奶奶朱淑芸看著黃澄澄的太陽金輪子一樣西沉，她的心也一下子墜到三〇年前北海一片黃昏的蒼茫。日子流水一樣逝去，時過境遷的一種滄桑感升騰起來。《初戀》裏，夏日的清風晨露都好像戀愛著，以此烘托主人公初戀的美好情愫。《春風》裏，立明要去美國了，他站在臺灣的大貝湖旁，思緒卻飄到了昆明湖，石舫、銅牛、排雲殿，甚至那裏綠蔭深處的一隻翠鳥，都成了他深情眷戀的印證。在這裏，一切景都是情中景，景中見情，景語即是情語。而林海音描述起來，是那麼地不露痕跡而使境界全出，人物心湖深處的漣漪，自然地從字裏行間溢出來。

林海音是編故事的能手，講故事自然要始終以人物爲敘述中心。她從不刻意追求情節結構，本著一種「文章本天成，妙手偶得之」的原則，大多運用纖巧淡雅的筆調，透過人物自身個性化的語言、行動，用白描的手法勾勒刻畫人物性格，塑造了一個個栩栩如生的人物形象。像瘋女人秀貞，林海音是通過描述她時醒時癡的言行，來凸顯她對戀人的癡情和對女兒的慈愛。在這看似呆癡的情與愛背後，該是一顆多麼深刻的靈魂！她是善良、真誠的；她是悲慘、不幸的；她是美的。簡筆速寫，不加雕飾，活生生

的秀貞已立於眼前。掩卷閉目，瘦骨嶙峋的她彷彿正倚門而立，憂怨地在來往的行人中，尋找著情人和孩子，她的哭聲還索繞在耳畔。

在《驢打滾兒》中，林海音表現宋媽的失子之痛，沒有去寫她是如何呼天搶地地號啕痛哭，那樣寫就落入了俗套，而是將這巨大的悲慟去嚙咬撕裂她的心。她只是「蒙著臉哭，不敢出聲兒」，甚至照樣替四個孩子打水洗澡，把弟弟和燕燕送上了床。但「她今天沒有心思再唱她的打火邊兒的歌兒了，光用扇子撲呀撲呀搧著他們睡了覺。一切都照常，不過她今天沒有吃晚飯……」林海音以這樣沉穩含蓄的筆觸，去表現宋媽內心痛苦的感情波濤，把宋媽此時不敢在主人面前表現大悲大慟的鄉下人善良羞怯的本性，與心底無比的沉痛和悲愴交織在一起的心理特徵，表露得淋漓盡致。這種「此時無聲勝有聲」，含蓄中藏著力量。寧靜裏透出凝重和深沉的意境，更具有一股意想不到的情感衝擊波。這就是文學藝術的魅力。像在《燭》中，林海音其實並未在大太太身上放多少筆墨，「我暈，我暈哪！」這叫喊聲反覆出現，發顫的喊聲裏，便活脫脫走出一個被遺棄的女人。反正讀過這篇小說，我常在意識裏與她會面：她撚滅蠟燭，在無邊的黑暗中。捶打著胸口，抓撕著衣襟，不住呻吟著「我暈，我暈」，嚶嚶地哭了。

人物的心理活動往往是性格命運的一面鏡子，林海音在刻畫人物時，很注意運用多種心理描寫來刻畫人物性格。如《殉》中對朱淑芸的心理描寫。這個新寡的二十三歲的年輕女人，很怕黃昏的到來，漫漫長夜，冷冷清清地躺在帳子裏，看見那十六床陪嫁過來的棉被，便流露出空房獨守的痛苦、淒涼和無奈：「有個

人，哪怕就是那麼病快快的一輩子，讓她無休無止地伺候著，也是好的，好歹是個人呀！或者——跟他圓過一次房呢，給她留下一兒半女，也讓她日子過得有盼頭兒！」幽微平淡的幾筆，就讓人物的內心起了波瀾，年輕而矜持的寡婦那份心靈的痛楚和未來生活孤苦無依的命運，活生生地呈露出來。

林海音在《燭芯》這篇小說裏，更把西方現代派藝術技巧很自然地嫁接過來，在過去與現在的時空交錯中，通過主人公元芳的意識流動，把重重情怨的悲歡離合表現得那麼細膩感傷，跌宕起伏。林海音藝術地把時空的交錯和場景的切換安排在颱風之夜，讓元芳望著流下淚的一朵燭光，心悠悠地回到廿五年前的新婚離別之時。林海音以蠟燭做為元芳心靈的載體，那外流的燭油分明是元芳心靈的淚水。是的，她這一生就像那燭，禁不住志雄的一點點感情，把一生最好的年華犧牲在一個無望的等待上。這真可謂是傳神之筆，讀完全篇，讀者會領悟感受到，元芳廿五年的不幸遭遇，被日本憲兵踢得流產，前夫的變心，來台後一夫兩妻的尷尬，都化成了酸楚的燭淚，從元芳的心裏流到讀者的心底。那燒軟的燭芯無疑是元芳心理變化的晴雨錶，蠟燭燒彎了，元芳的心也是軟的，連大姐都罵她「你就是那麼窩囊，那麼直不起身子來」。燭芯快燒完了，元芳的犧牲到了頭，心硬到完全不把志雄軟弱的哭泣放在眼裏。她離婚又結婚，「我不怨誰，我珍惜的是每個早晨，每個黃昏，這充滿了家的溫馨的生活。」最後，颱風停了，燈來了，燭芯只閃著最後的光。連小說的結尾都是象徵性的，林海音以蠟燭的燃燒象徵元芳苦楚酸辛的過去，以電燈的光明替代燭芯，來預示新生活已經開始。在新生活面前，那燭芯「也算不得什麼了。」精緻的結構，巧妙的構思，纖細樸素的

語言，獨特的藝術表現手法，使《燭芯》成爲林海音短篇小說中的精品。

　　除了小說，林海音還寫了相當數量的散文，她已出過的散文集計有《冬青樹》（散文小說的合集）、《作客美國》、《兩地》、《窗》、《芸窗夜讀》、《剪影話文壇》、《家住書坊邊》、《寫在風中》、《隔著竹簾看見她》、《生活者林海音》、《靜靜地聽》等。她的散文具有「清水出芙蓉，天然去雕飾」的藝術品格，而且比起小說，散文更是她性靈與人格最率眞的表露，她是眞誠地把一顆熱乎乎的心捧給了讀者。讀她的散文，我覺得是在和她的靈魂對話，坦誠相見，易見衷曲。

　　林海音的散文我以爲大致可分爲五類：記述「身邊瑣事」的小散文；作客美國的遊記；憶舊懷人的追思回想；芸窗枕畔夜讀的隨筆雜感；以及苦念老北京的「英子的鄉戀」。

　　記述「身邊瑣事」的小散文，大都篇幅不長，多寫親情及一般的生活瑣事，雖屬純女性散文，卻是充滿了情趣，像《生之趣》、《寂寞之友》、《鴨的喜劇》等，都是讓讀者感到：「我是快樂的女人，我們的家一向就是充滿了喜劇的氣氛，隨時都有令人發笑的可能。」是啊，客人來了擠在廊下談天，客廳卻讓給孩子們捉迷藏；把沙發騰給母雞生蛋做產房；野貓在壁櫥裏生了三隻小貓仔。面對這溢滿親情而又富情趣美的文字，誰不爲「生之趣」而歡喜呢！林海音還有一些類似文人小品文的篇什，是由發生在身邊的事，悟出哲理的啓示。如《窗》，「文人的家庭，總是把書桌分配到窗下」，是要憑窗觀察社會世態，取材著文。「在漫長的旅途，也是仗了車有車窗，船有船窗，才使沿途的風景一覽無餘。」所以「窗是有情的，它使失望者得到安慰」。在

《門》這篇散文中，林海音寫出「門」的無情，因為門禁森嚴的主人「也許有一副鐵青的面孔」，而「裝門面」的虛偽，「敗壞門風」的可恥，勢力面前的「門庭若市」或「門可羅雀」，慚愧人的「閉門思過」，聰明人的「閉門造車」等等，都形象地勾勒出「門」在人生際遇裏的種種姿態。林海音以親切自然，非常生活化、口語化的語言，把對人生細緻深入的觀察和體驗變成樸素而嚴肅的哲理。這裏表露的是高貴的情操和積極向上的人生態度。那狗原是多麼可愛，小狗更是小孩子的玩伴，但一經為了某種目的而被培訓後，便失去了天真。「狗仗人勢」太可憎了（《狗》）。金錢也並非萬能，因為它買不到青春、生命和真理，只有「兒童，春天，希望才是一個完整的人生」，「人生是有限的，希望卻無窮，唯有兒童的地方，才有無限的希望。」（《錢》）是的，林海音愛孩子，她還是個真正意義上的兒童文學作家，她創作和翻譯了許多童話和寓言故事，她還為孩子們選編國語教材，以致兒童文學在她的著作中占了相當的比例。那是因為，「如果我們一生所希望所願意做的事，他們能達到，能完成，該是多麼快樂！」（《春》）

《作客美國》是林海音於一九六五年四月應美國國務院的邀請對美國四個月的訪問遊蹤的記錄。她在四個月的時間裏，馬不停蹄，但也只能把這個充滿活力、花樣繁多的國家看個大概。她嘗到了「自己闖」的快樂，最後帶著興猶未盡的感覺，一氣呵成，寫出了洋洋灑灑的訪美見聞。寫法是按著遊蹤的日程順寫，她訪問了一些美國人的家庭，會見了幾個美國作家，參觀了紐約的林肯藝術中心，拜謁了華盛頓·歐文和馬克·吐溫的故居。最令她難忘的經歷是「寂寞之旅」——看科羅拉多大峽谷，使她生出

「宇宙洪荒，我歸何處」的蒼涼悲壯感。在自然界的奇景面前，人顯得何其渺小。一個人站在深谷邊崖上凝望深邃、遼遠的黃色巨岩，感受大自然賜予的衝擊和震撼，雖然無處訴說心底的感懷，卻眞切體味到「寂寞是自由」的深刻含義。

　　《作客美國》是林海音勾勒她視野中美國人文、自然景觀及美國社會、家庭生活的剪影，寫來親切自然，質樸從容，就像一條靜靜的小溪，舒緩悠然地流過，不時翻起一簇簇水花，那水花便是見聞溪流裏的思考。水流過去以後，水花會在你腦子裏保留下來。不是嗎？你能忘掉《日落百老匯》那些拖著臃腫的身子邁著蹣跚步子，從露椅上離去的孤寡老人嗎？他們日復一日木然地在這裏看街景、曬太陽，生命也隨著百老匯的日落一天天減去；你也不會忘掉《辛酸餐館淚》裏的「羅拔·蔡」，他的經歷是許許多多個在餐館裏打工的中國留學生辛酸血淚史的眞實寫照。

　　憶舊懷人和「芸窗夜讀」兩類散文，風格上是一致的，筆調委婉、凝重，飽含深情，像《悼鍾理和先生》足以催人淚下。林海音評的書，以師長友朋寫的居多。她與他們相熟，信筆拈來，書趣文事自然溢於行間，像《重讀〈舊京瑣記〉》憶及自己的公公「枝巢老人」，《古韻》寫凌叔華，《落入滿天霞》寫白楊，《夢之谷奇遇》寫文潔若，都親切到讓讀者透過書的故事讀出躲在文字後面的寫書人的情和事，可謂「人在書中立」。而懷人憶舊的篇什則稱得上「文在情中生」。像《念遠方的沉櫻》寫沉櫻，《亮麗且溫柔》寫蕭乾，《敬老國題》寫冰心、凌叔華、謝冰瑩和蘇雪林，《遙念胡蝶》寫胡蝶，都是筆到處情濃意濃，把這些文學藝術家的人格藝品、音容笑貌，活生生地再現出來。雖是寫人，這裏也少不了書的故事。書與人，人與書，對林海音都有說

不完的話題，而這話題的動人，我想是來自她的熱情和眞誠生發出來的暖融融的親和力。

如果把林海音這輩子分成兩半，她的前一半是在北平度過的。懷念「老北京」，介紹那裏的名勝古跡、風土人情，就成了下筆難忘，習慣成自然的事。她的《家住書坊邊》整本都是寫老北京的，眞是一本京味兒回憶錄。她寫老北京的文章可太多啦，連題目都透出京味和鄉戀，像《虎坊橋》、《北平漫筆》、《苦念北平》、《騎小驢兒上西山》、《老北京的生活》、《訪母校‧憶兒時》、《我的京味兒之旅》、《城牆‧天橋‧四合院兒》。林海音說：「我漫寫北平，是爲了我多麼想念她，寫一寫我對那地方的情感，情感發洩在稿子上，苦思的心情就好些。」是眞的，難忘北平，林海音從京味兒開始的五歲，一直到八十歲的現在，連語言帶生活形態，就像別人常說她的：「比北京人還北京！」她的文章也是有著濃厚純正的京味兒。「英子的鄉戀」以親切的京味兒語言，寫出了老北京的色、香、味，老北京的風采神韻、人情物事盡在筆底，全然一幅用文字繪製成的展現老北京市井風貌的「清明上河圖」，人文、歷史、民俗、自然風光、百姓生活等等，都在這畫卷裏了，那刻骨銘心的鄉思和沉甸甸的懷念，滲透在每一滴筆墨中。

臺灣是林海音的故鄉，北平是她長大的地方。在北平的時候，常幻想自小遠離的臺灣是什麼樣子，回到臺灣後，卻又時時懷念北平的一切。她是多麼希望將來有一天，「兩個地方接起來，像臺北到台中那樣，可以常來常往。那時就不會有心懸兩地的苦惱了。」

大手筆的茅盾小說

給二十世紀中國作家水泊梁山似地排座次，顯然是封建皇權思想在學界的作怪。其實，中國人文知識分子骨子裏始終都有「黨同伐異」、「唯我獨尊」的要命情結。正是這一點，使我們根本形不成眞正科學、民主、自由的學術空氣。對作家評價、定位、正名的權利，往往掌握在政治家手中，不知是文化的幸或不幸。這曾使我們的文學史講堂，長時間只剩下魯（迅）、郭（沫若）、茅（盾）、巴（金）、老（舍）、曹（禺）、艾（青）、丁（玲）、趙（樹理）、周（立波），沈從文、張愛玲們被掃地出門。這樣的交椅順序當然不科學，似有人爲再造一個「科學」牌位出來的必要。中國人是慣常用一種迷信來反對另一種迷信的。結果，一代文壇巨匠茅盾被那操著「寶刀屠龍」的武林俠客打敗，淡出江湖。

對於鬧劇，何必大驚小怪呢？一個作家的偉大並不在乎後人怎樣把他的牌位往香台上擺，他的作品能在一代又一代讀者的心中不朽才是最重要的。托爾斯泰不朽，不是因他世襲的爵位，而是他寫出了《戰爭與和平》、《安娜·卡列尼娜》、《復活》。寫出了《蝕》、《虹》、《子夜》、《春蠶》和《林家鋪子》的茅盾，同樣是不朽的。若論創作題材的廣闊，作品容量的浩大，在中國現代小說史上，茅盾算得上數一數二的了。沒有了茅盾的

中國小說，將會蒼白許多。

　　巴金是情感小說家，情節和人物全由充沛的激情牽著走，青春和著血和淚，噴湧出「靈魂的火焰」。老舍是典型的文人小說家，他以爐火純青的語言和嫻熟老道的技巧，繪製了一長卷展現都市風俗物事和市井百態人生的文人畫，也是一幅大雅若俗的「清明上河圖」，具有獨特和永恒的文化審美價值。茅盾則是那種很理性的小說家，他缺乏巴金的熱烈，也沒老舍那麼足的文人氣，但似乎有著更大的氣度、氣勢和氣魄。他深知「一個做小說的人不但須有廣博的生活經驗，亦必須有一個訓練過的頭腦能夠分析那複雜的社會現象。」而且，「偉大的作家，不但是一個藝術家，而且同時是思想家，——在現代，並且同時一定是不倦的戰士。」茅盾是「真實地去生活，經驗了動亂中國的最複雜的人生的一幕，終於感到了幻滅的悲哀，人生的矛盾，在消沉的心情下，孤寂的生活中，而尚受生活執著的支配，想要以我的生命力的餘燼從別方面在這迷亂灰色的人生內發一星微光。」於是他理性地用文字這把手術刀，並嚴格按他自己的「小說研究 ABC」，開始解剖社會了。他不感傷既往，也不空誇未來，而是把現實放到手術台上「凝視」、「分析」、「揭破」。

　　茅盾出手即是大手筆，從題材的選擇到主題的開掘，一下子拓展了「五四」頭十年狹小的疆域。他讚嘆托爾斯泰「以驚人的藝術力量概括了極其紛繁的社會現象，並且揭示出各種複雜現象之間的內在聯繫，提出許多重大的社會問題。托爾斯泰作品的宏偉的規模、複雜的結構、細膩的心理分析，表現心理活動的豐富手法以及他的無情地撕毀一切假面具的獨特方法，都大大提高了藝術作品反映現實的可能性。」茅盾從一開始就在刻意追求、探

索小說的史詩性效果，他力圖全景式地來描寫中國的社會現象，「打算通過農村（那裏的革命力量正在蓬勃發展）、城市（那裏敵人力量比較集中，因而也是比較強大的）兩者革命發展的對比，反映出這個時期中國革命的整個面貌」，使作品兼具廣闊的歷史內容和巨大的思想深度。因此，他覺得自己所熟悉的題材無從剪短似的，非得裝在十萬字以上的長篇「才能抒寫個淋漓透澈」。他似乎寫順了長篇，厚實的生活積累也讓他嫌幾千字的短篇無法容納複雜的題材，篇幅上他的短篇多是壓縮了中篇或拉長了短篇。短篇雖只截取「大千世界的繁雜生活中的一片」，藝術上卻要表現「這生活的全部」。《創造》、《春蠶》、《林家鋪子》等正是這樣的名篇傑作。

　　寫實主義小說的成功，取決於它在多大程度上是透過塑造的人物和人物命運，來揭示主題、反映時代性的。茅盾有創造活生生人物的驚人本領，稱得上是雕刻靈魂的大師。在他眼裏，小說藝術就是刻劃人的藝術，寫活了人物的小說才是活的有生命力的藝術。他精心塑造形神各異、輪廓分明、富有生活氣息的人物形象，從《幻滅》中的靜女士、慧女士，《虹》中的梅行素、《子夜》中的吳蓀甫，到《春蠶》中的老通寶、《林家鋪子》中的林老板，可以發現，茅盾已不再用單線條去勾勒白描人物，而是用散點透視的精湛的技法，將人物的行為、情感、心理、個性等原色，都調配在一塊調色板上，追求的是油畫的立體效果。

　　大處著眼，小處著筆，以小人物觀照大時代，透過某一生活場景中人物的性格命運來折射整個時代社會歷史的命運，是茅盾的本事。《春蠶》便是由「豐收成災」主題下，那個散發著江南水鄉古老泥土味的老通寶的性格命運，來微縮還原中國農村經濟

的境況。《林家鋪子》也是如此，茅盾特意選擇一個小市鎮上一家小百貨店的小老板，在風雨飄搖的城鄉經濟中，辛苦經營，卻終招倒閉逃亡破產的悲劇命運，塑造出精明能幹、儒弱自私的林老板的形象，並由此投影放大出三〇年代初期整個民族是處在怎樣一個社會、政治和經濟狀態下。反過來，也是由於那樣的時代環境和特點，造就了人物的性格，決定著人物的命運。一個林老板得牽引出多少林老板式的小商人翻滾在中國城鄉經濟破產的渦流裏，一個小小的店鋪成了中國城鄉經濟破產的縮影。

　　長篇小說就更為茅盾的這種卓越本領提供了縱橫馳騁的空間。以《子夜》中的吳蓀甫為例，茅盾把這位「二十世紀機械工業時代的英雄、騎士和王子」多元複雜的性格，投入在世界經濟危機衝擊下，三〇年代中國的民族工業舉步維艱的大背景和錯綜複雜的社會、政治、經濟關係中加以刻畫。他想當時代英雄，振興民族工業，但他生不逢時的時代氛圍和所有的外部條件，把他這樣一個雄心勃勃的「鐵腕人物」，變成了與以趙伯韜為代表的官僚買辦資本家搏擊鬥法場上的困獸。自私、貪婪、專斷、殘酷，是性格發展的必然。性格即命運。其實，一個時代也有一個時代的性格特點，並由此導致那個時代的必然命運。那麼可以說，吳蓀甫式的民族資本家，最終的性格命運，完全是時代性格命運必然的產物。反之，吳蓀甫的悲劇自然也就成了整個民族工業悲劇終局的拷貝。這也是茅盾要通過吳蓀甫這個人物說明的，在帝國主義統治下，中國的民族工業沒有發展之路，資本主義的門對半封建半殖民地的中國，永遠是關閉的。

　　茅盾最擅長刻劃那些在時代激流浪花裏弄潮的新女性的心理、性格及命運，他作品中的這一形象系列，幾乎是中國現代文學人

物畫廊中最具風采神韻的一組女性群雕。但他「所著力描寫的，卻只有二型：靜女士、方太太，屬於同型；慧女士、孫舞陽、章秋柳，屬於又一同型。」茅盾更偏愛後者，《蝕》裏的慧女士、孫舞陽、章秋柳，《虹》裏的梅行素，《子夜》裏的張素素、林佩瑤，《腐蝕》裏的趙惠明，她們敢愛敢恨，敢欲敢求，個性張揚、叛逆，有著激越蓬勃的生命力。她們的精神追求和道德倫理準則，已完全是對傳統價值評判標準的反動。茅盾是想暗示，這種西方型的女性人格行為特性所導致的悲劇性結局，是根深柢固的東方文化的巨大衝突所帶來的。說到底，這是文化的價值決定人的性格、信仰及行為。也許正是基於此，茅盾在寫《霜葉紅似二月花》時，又讓女主人公張婉卿的個性行為特徵，回歸到東方女性傳統的價值評判標準上來了。從這個意義上說，茅盾筆下精微細緻、風姿綽約的女性形象，從二〇年代到四〇年代，演繹出女性心靈歷程的變遷。

優秀的寫實主義小說家，須把人物的豐滿血肉和神經，附著生長在和諧健全的骨架上。這骨架，即小說結構的好壞成敗，直接關係到小說藝術的審美。

茅盾是研究小說結構藝術的大師，他的小說呈現一種蛛網狀的複式結構，把眾多的人物，複雜的情節，紛繁交錯的線索，全都有機地粘合在各個結點上。人物的性格命運便由這一個個密集分布的結點展開，絲絲入扣，嚴謹完整。漂亮的結構，豐滿的人物，是藝術的靈與肉，自然會成就寫實主義的傑作。像朱自清評價《林家鋪子》，「寫一個小鎮上一家洋廣貨店的故事，層層剖剝，不漏一點兒，而又委曲入情，真可算是『嚴密的分析』，私意認為這是他最佳之作」。「真能表現時代的，只有茅盾的《蝕》

和《子夜》。」

　　茅盾的很多作品是經得住時間考驗，經得起反覆閱讀和咀嚼的經典性名作。雖然他所表現的時代性已不適宜今天，但從作品中流露出的人性的東西，卻是超越時代性的，是永恒的。想一想，大師級的作家不都是這樣嗎？正因爲此，茅盾的文學史地位有誰可以替代嗎？當然，任何人都有話語的權利，包括給作家按個人好惡排位論序。但若以個人話語權去壟斷大衆話語的權利，結局將是悲劇性的。政治上我們吃這樣的虧可謂多矣。

茅盾的鬥士散文

　　「茅盾是早就在從事寫作的人，唯其閱世深了，所以行文每不忘社會。他的觀察的周到，分析的清楚，是現代散文中最有實用的一種寫法，……中國若要社會進步，若要文章和現實生活發生關係，則像茅盾那樣的散文作家，多一個好一個，否則清談誤國，辭章極盛，國勢未免要趨於衰頹」。郁達夫的這段話，能算是對茅盾散文的最精到的評價。

　　中國向有鬥士和隱士兩類散文家，其最大區別在於鬥士把散文當利劍，隱士拿散文當雕刀。鬥士慣有特立獨行、寧爲玉碎的血性，也許他的劍術並不高明，卻一定要刺中要害。可惜，中國自古肯拿利劍去做散文搏擊的鬥士文人少得可憐，卻有滋生隱士文人的傳統。不論廓然清明的堯天舜日，還是桀逆放恣的紂王當朝，他們都有本事閒適自在地把酒臨風，品茗賞花，用手中的精緻雕刀去刻鏤空的梅蘭四君。仔細想來，隱士文人眞能潔身自好，幫閒鑽懶總比走狗御用要不招人討嫌。

　　吟風弄月並非隱士文人的專利，鬥士文人見繽紛落紅而傷春，見一葉飄零而悲秋的多愁善感的本事一點不比他差。但他不會去逃避大時代血腥的淒風苦雨。鬥士文人眞會不知歸隱山林諦聽飛瀑松聲的閒適，不知茅舍竹籬下交杯對詩的暢快嗎？可他寧願到呼嘯咆哮的大雷雨中領略一份引吭放歌的豪情。待光風霽月再營

造心靈上的一小片綠洲，再回首芳香記憶裏的往事，不更閒散愜意嗎？

「特殊的時代一定會產生特殊的文體」，茅盾散文的現實性和戰鬥性，實在是那個大時代的造物。要在他的散文裏尋覓矯情自飾的小情調，小惆悵，則不免徒費無益。他是要把散文當「標槍」、「匕首」的，才不會把散文變成高人逸士手裏的小玩意，去「專論蒼蠅之微」。正如阿英所說：「在中國的小品文活動中，爲了社會的巨大目標的作家，在努力的探索著這條路的，除茅盾、魯迅而外，似乎還沒有第三個人。」

魯迅式的鬥士文人在中國現代文人中並不多見，茅盾是一個。他寫作的出發點是爲社會，爲人生，而非「性靈」、「閒趣」。這不是說鬥士散文裏就少了「靈」和「趣」，只是其「靈」、「趣」全繫在時代的神經根脈上。大時代過去以後，「靈」、「趣」的散文哪怕不入流，都會討得讀者的歡心，就好比小家碧玉一下子成了搶手貨，倒弄得大家閨秀鎖香閣綉幕而未識，直落得玉減香銷獨寂寞，時乖運拙奈何天。有一陣子，茅盾的小說、散文似乎不那麼吃香了，原因大抵如斯。換言之，茅盾抒發時代的苦悶，張揚時代的激情的散文，有點像在絕代美人的香肌玉體上披了件英姿颯爽的「武裝」，自然跟專愛嗅「紅妝」脂粉者的脾胃不和，他們太耽於和紛白黛黑的溫香軟玉眉目傳情。其實，這也不能怪誰。任何時候，都有人喜歡花木蘭，喜歡穆桂英，也有人就愛李香君，就愛柳如是，更有人是專門戀酒迷花倚綉床的，亡國遺恨，矢志不渝。

隱士散文多有叫你一看入迷的魅力，那份情調、情趣、情韻仿如倒入心靈的淨化劑，參禪入定般的心緒油然而生，療救你生

活的苦悶，情感的創痛，是再好沒有了。隱士散文的好手隨口就可列出一大串：徐志摩、沈從文、林語堂、梁實秋、周作人、張愛玲等，其風流蘊藉的簫韶九成，最配絲竹管弦以暢敘幽情。但有些人認為，在鏗鏘昂揚的大時代，最需要的卻是揮戈反日的鬥士散文，而不是顯出小家子氣的康哉之歌。

　　單純為大時代謳歌的鬥士散文，縱有意氣風發的豪情逸致，卻只屬於那個時代。時過境遷，歷史很難將它的塵封記憶打開。真正藝術的鬥士散文，還必須是超越時代的。魯迅的大量散文固然有著特定的時代留痕，但他的深刻思想是沒有時代界限的。他所解剖、譏諷的病態社會的腐朽，並非那個時代所特有，而實際上是人類社會永遠的疾病。魯迅用手中尖銳有力的「利劍」，無情地將所有污穢骯髒的社會生活和根深柢固的病態思想挑破給人看，引起療救的注意。這也是他最早棄醫從文的初衷。但人類頭腦中天生的思想毒瘤，他並沒辦法剔除，「哀其不幸」，成為永遠的了。從這個意義上說，人類不滅，魯迅的散文永遠不死。

　　茅盾的散文同樣具有「魯迅風」，他的許多散文、雜感，都是反映時代，同時也是超越時代的。他的早期散文多篇幅短小，以一小片人生的剪影來象徵時代的苦悶，如《霧》、《虹》、《叩門》、《賣豆腐的哨子》、《嚴霜下的夢》等，言簡意深，引人思索。稍後，他的視野倏忽打開，「悲觀頹喪的色彩」消滅了，而以「甦生的精神」和「堅定的勇敢」來面對現實，呼喚「大雷雨」的到來。如《雷雨前》、《黃昏》、《沙灘上的腳跡》、《天窗》等，都是用富於象徵色彩的意象，昭示自己走出憂鬱，充滿樂觀主義的信念和希望。他自己對《雷雨前》和《沙灘上的腳跡》的喜愛，甚至超過了再後來的《白楊禮贊》和《風景談》。《雷

雨前》昂揚的基調，直令人們想起高爾基的《海燕》，「轟隆隆，
再急些！再響些吧！讓大雷雨沖洗出個乾淨清涼的世界！」

　　茅盾還是用文字對社會生活進行素描寫生的高手，他對生活
的體察細緻入微，散文速寫下的富於時代特徵的社會生活場景豐
富多樣，而又精當準確。正是由於茅盾肯在散文速寫上下功夫，
有著驚人的文字素描的本領，才在小說的畫布上繪製出了廣泛社
會時代背景的大幅油畫。他的許多散文速寫，不論篇幅短長，幾
乎可看成是他為大油畫打下的小畫稿，像《故鄉雜記》、《鄉村
雜景》、《香市》、《交易所速寫》、《歸途雜拾》、《蘭州雜
碎》等，都是這樣的篇什，從不同的側面反映時代的社會與人生
諸相。雖是小畫稿，卻同樣能看出茅盾驚人的藝術感覺和卓越的
把握生活素材的能力。

　　茅盾從沒放棄鬥士散文的「利劍」，抗戰時期，他更是用這
枝筆去畫民族戰士的英姿，勾勒漢奸們醜惡的臉譜，「喊出了在
日本帝國主義鐵蹄下的同胞的憤怒，也曾經申訴著四萬萬同胞保
衛祖國的決心和急不可待的熱忱。」《風景談》和《白楊禮贊》
稱得上是鬥士散文裏的藝術精品傑作。他用白楊樹這象徵的詩意
的意象，以廣闊的自然景物為背景，「象徵了今天在華北平原縱
橫決蕩用血寫出新中國歷史的那種精神和意志。」《風景談》是
在黃土高原的奇麗景色上，生動地剪影出農人和戰士的形象，一
位山峰上挺直了胸膛的小號兵和一位面向東方雕像一般荷槍的戰
士，他們兩個幻化成「民族的精神化身」，「那便是真的風景，
是偉大中之最偉大者！」

　　茅盾的隨筆雜感類文字不多，但議論的精到，諷刺的入骨，
筆鋒的犀利，一樣呈現出鬥士散文遒文壯節的風采。《佩服與崇

拜》、《戀愛與貞潔》、《狂歡的解剖》、《不是恐怖手段所能懾服的》、《雨天雜寫之一》、《談鼠》等，都有著魯迅式的雜文鋒芒，言微旨遠，發人深省。

　　茅盾是內蘊豐厚的語言大師，其用字的精微、形象、詩意，言隨意遣，渾然天成，不見圭角。他的語言看似平淡不驚，卻獨具辭豐意雄的姿色韻味，文炳雕龍，流成蘇海韓潮的情致浩氣，是中國現代散文寶山中不可多得的連城之珍。

　　不知眼下能否稱得上大時代，人們目濡耳染之所得，莫不是目迷五色的文學冷拼、熱狗之類，快餐文化成為時尚，文學功利主義粉墨登場，鬥士風骨被棄如弁髦。這個時候讀茅盾散文，倒有了岩居谷飲的味道，似乎鬥士散文反成了隱士的專愛。這樣的隱士當又何妨。

「閒話」西瀅

　　大凡知道陳西瀅先生，一是因他被魯迅罵過，這似乎最重要。照中國人慣常的理解，和好人打架的肯定是壞人。於是，我們便在中學教科書裏把他稱爲「壞人」，壞人的文章也就不值一讀了。這實在令人惋惜，倒不是爲陳西瀅，而是爲那些因此不讀他文章的人；二是讀他這輩子文字生涯裏唯一的一本散文集子《西瀅閒話》。這是該替他惋惜的，他在一九二四年到一九二七年，三年的時間裏就幾乎把一生大部分的文章寫完了。會是魯迅「罵」他的犀利雜文使他退出文壇，甘心歸隱的嗎？不得而知。

　　陳西瀅說，中國人既太看重文章，又不太看重文章，「因爲文章是萬能的，大家都拿文章做工具，沒有人拿文章做目的」。一個人想出風頭，得做文章；想找飯碗，得做文章；想做官，也得做文章。等到風頭出足了，飯碗找到了，或終於做成了官吏，就不用再做文章了。其實何止文章，中國人說話也不如此嗎？爲說話而開會，爲開會而說話，說話時心裏就不信，開會時就明瞭任何決定都是一紙空文。所以，在中國，說話和做文章雖極其重要，卻也沒誰眞以爲有什麼了不起。結果是，說者無心，聽者也無心；著者不信，讀者也不信。

　　當然有許多例外，要不就不會有文章傳世了。那些文章的作者都是拿文章做目的的，比如陳西瀅，他說的都是自己相信的

話，所以儘管他的《西瀅閒話》論及的全是七八十年前的舊事，今天還是有知音的讀者。我們正在編一本《陳西瀅文存》，除了《西瀅閒話》，將盡可能地把「閒話」以外的篇什搜羅全。

我們總抱怨難以產生偉作，其實這和西瀅先生二〇年代「閒話」的情形有些相似，他說一個著述家不能把著述當他終身的事業，卻要去幹種種與他不相宜的職務，真是極大的不經濟。就是他所做的事與他的才能也很合宜，可是他的大部分的精力都花耗在那裏，只有一日忙中偷出些閒工夫來寫幾句東西，怎樣會產生偉大永久的作品來？這就要求得有許多把著述看作終身事業的著作家，直接用文章去賣錢的「文丐」生涯是短命的。我們今天有專門瞄著諾貝爾獎寫作的著作家，這無異於又拿文章當了飯碗。

西瀅先生的文章叫「閒話」，實際是「話閒」，是別一種風格的批評。批評絕不是破口大罵、指桑罵槐和撒潑耍賴，也不是以自命的正義去逼迫人家懺悔。批評能成為讀物，且為人們喜愛，在挨批的對象之外還有讀者，行文的技巧是很關鍵的。「文革」大批判式的行文，就好比一個壯漢晃著胳膊上的腱子肉去嚇唬一個病歪歪的弱者，令人避之惟恐不及。

有人稱一本《西瀅閒話》就使西瀅先生躋身中國現代散文十八家之列，是得益於他深悟英國散文之妙諦。他的行文非常獨特，一件普通人眼中習以為常的事，經他七扭八拐地一說，就顯得荒誕和不公平了；一個人人痛恨，力爭鏟除而多年未果的社會現象，由他輕筆點撥幾句便將其深藏不露的根挖了出來，並同時用幽默的語調提醒人們舉一反三，省察自己。許多閒散的生活瑣事，他有本事娓娓道出來平日整不出的趣味；即便重大的事件，他亦能悠然雍容地撥開雲霧，恢復其本來面目，讓人頓開茅塞。

　　西瀅先生眼光銳敏，文筆犀利，就連他的太太、著名女作家凌叔華在作品發表以前，都不敢先拿給他看，惟恐聽了批評再沒有寫下去的勇氣。但這種獨具鋒芒的書生意氣，終不過是文人的「閒話」而已，它真能將生活中的種種矛盾化解開來嗎？不過，這也正是文人的可貴，就是從不掩飾這個世界的醜陋。

　　世上愛人生者有兩種，一種人看不到人生的險惡與多舛，或故意對其視而不見，只是一味地讚美生命。還有一種人恰恰因為人生有惡，才更熱愛生命，讚美人性的高尚。西瀅先生的文章無疑是給後者看的。他們不會因其嚴厲的文章而消融掉對人生的愛，相反，他們會隨著那酣暢淋漓、睿智幽默而又暗藏機鋒的文字，在痛罵醜陋之後更加真愛真理。

　　也讓我們今天的讀者，對西瀅先生以「拿文章做目的」的才氣和勇氣寫出的「閒話」更加珍視。他的書實在是非常好看！

悠然梁遇春

　　梁遇春把世上人分成兩種，對世界的黑暗一種懂，一種不懂。沒誰來到世間而體味不到人生的種種悲哀，卻非所有人都懂得這悲哀對人生的價值。其實作家也有兩類：一類以「世路如今已慣」的心情振筆揮毫，並總先有個必須寫作的理由或高尚的初衷；另一類雖也精通世故，可早已「此心到處悠悠」，其文字常是情動於衷，由興而起止。讀前者文如瞻仰紀念碑般肅然起敬，自然嘆愧弗如，誓要發奮圖強。而讀後者文則如冬日傍晚與至友圍爐對聊，無論處在怎樣的煩惱，書中的點滴話語都會帶給你溫暖和愉快。

　　梁遇春顯然是後者。他極愛睡懶覺，曾讓慈愛的祖母頗爲失望，上大學又受了四年教授的白眼，可他還是以「熱愛藝術」的精神我行我素。據說古代有個詞牌名叫「臣愛睡」，是位臣子爲表白他淡泊名利，在宮廷酒席上獻給皇上的。梁遇春只在聊天式的文字裏告訴你遲起的大快樂，怎樣由此度過有趣的一天。他的慵懶並無半點「勸諫」或「言志」的意圖，即便再勤奮不貪睡的讀者，也能從中分享別一種人生快慰。

　　躺在床上不肯起來，靜聽流鶯巧囀，細賞花影慢移的梁遇春，古怪念頭特多：他羨慕莎士比亞偷過人家的鹿，布朗寧拐走良家少女，是因爲他們像流浪漢一樣行爲糊塗，心腸熱乎，頑皮

大孩子般毫無機心、萬事隨緣，只想過自由自在的生活。而正兒八經的紳士則對任何事都懷著無可無不可的心情，極力避免使別人感到不悅或震顫。梁遇春不喜歡這種人，試想大家都紳士了，互相將就，世界固然和平，那卻是死國的和平。他絕不甘心做紳士，不怕自己的話在別人心湖裏激起波瀾。相反，倘若觸動了讀者的神經，他倒可以暫時避開人生的慘淡無光。梁遇春甚至覺得，風塵女子是世間最可愛的女人，因為她們看透了一切世態，學會了萬般敷衍，可若真真愛上一個情人，那份情要比深藏閨閣繡幕中未經世故的女子強烈百倍。

同這樣的梁遇春聊天，時時處處能感到他是何等的悠然。人生他不一定識得透，或許想法還很偏執。犯過案、受過牢獄之苦的人，會比他更識得世間的險惡；應酬官場終被貶逐飄零異鄉的人，所體會到的炎涼世態要比他賴在床上想像到的更深刻；用理性大腦和辨證法思考的人，認識事物會比他更全面；懷了鴻鵠大志，執著追求人生目標的人，比他更具堅毅的意志和健全的神經。但飽受生命之苦的人不一定能像他一樣落筆從容，光顧了仇恨會妨礙思考人生可愛的一面；理智發達的人，心靈激情先天不足，堅定的終極目標會使他們忽略生活的姿彩，連神經都剛毅得失去了敏感。

梁遇春不鼓勵他的讀者去做智者、勇士或人生的楷模，他自己也向來沒有過要做英雄、偉人和全知全能者的願望。他只是一個喜歡娓娓道來的散文家，只想向他的可愛讀者露出孩子般的笑臉，或流下不識愁滋味少年才有的「無根的淚痕」。他深知人生的矛盾，而他的可愛正在於讚美這些矛盾。他說青春美在易逝，如果它是永駐的，誰還會想去緊緊抓住；夕陽正美在臨近黃昏；

天下樂趣全是煩惱帶來的，煩惱使人不得不希望，而希望是包治百病的良方；淚水是對人生的肯定，因為追憶似水流年才會有傷逝的清淚。這就是梁遇春，他的美在於他對矛盾和痛苦的肯定，對流逝的肯定，對人生的肯定。

　　讀梁遇春也會生出悲哀，他二十六歲便悄然去了天國。上帝真不公平。正在他讚美那些怕青春長留、相約情死的人們時，自己竟在青春朝露中長留了！而有多少人在金錢物欲的驅動下無謂奔碌，虛度了溢采華年。梁遇春一生僅留下兩薄本散文集，總共才六十餘篇作品，但他完全算得上中國現代文學史上的一散文大家，其作品的知音始終代有新人。再看看我們今天不甘後人，眼睛盯著讀者錢包的勤奮文學匠們，動輒就攢出洋洋百萬言的宏篇巨著，卻如過眼雲煙，恐怕連他們自己都沒有重讀一遍的勇氣和興趣。

　　梁遇春在他《春醪集》序中把自己比成偷飲春醪的人，醉中做了許多好夢，還是被命運之神帶上墳墓之途。讀他的文章又何嘗不是，簡直有點飲鴆止渴的味道。越想超脫煩惱，做自由的驕子，越覺得自己不具有梁遇春的豪情。不是誰都能像他一樣勇於肯定人生。九泉之下的梁遇春先生聽了我這話，一定會回答：痛飲甘美的毒藥，總比平淡無味地過一生要好！死有什麼可怕，可怕的是活得像行屍走肉。

曹禺：天才的戲劇大師

　　有許多文學大師在回憶自己的童年時，都大體說過，小時候並不曾想過長大了當個什麼家。曹禺也不例外，他說他小時候絕沒想過當什麼劇作家，讀書時，只想將來當個教書匠。他一生的希望就是能當上大學教授，研究點學問。

　　那麼他何以會走上一條「話劇的道路」呢？七八歲的時候，母親就帶他去看戲。那時還只是「文明戲」，或叫「新戲」。除此，他還看了不少京戲、河北梆子、評戲等，也聽過許多的京韻大鼓、天津時調、河南墜子等等。他愛看京戲，甚至演過京戲《走雪山》，還被人稱道說扮相不錯，很有音樂感。但給他滋養很深的，還是中國的古典文學，《詩經》、《左傳》、《楚辭》、《四書》、《五經》、《史記》、《漢書》、唐宋詩詞、元代雜劇、明清小說之類。

　　十四歲考入天津南開中學以後，加入「南開新劇團」，演了不少戲，已經初顯出在戲劇方面獨有的才華。可以說，曹禺的戲劇人生已經從這時起步了。他開始嘗試把外國戲，像莫里哀的《慳吝人》，改編成適合中國社會情況的《財狂》，把高爾斯華綏的劇本《鬥爭》改成《爭強》。他一方面改劇本、寫戲，一方面又演戲。他參加排演的第一個戲是丁西林的《壓迫》。他還曾在張彭春老師的導演下，主演過易卜生的名劇《玩偶之家》中的

女主角娜拉。舞台和戲劇兩方面的知識自然諳熟於心了。在他從中學到讀清華大學西洋文學系期間，他讀了數百種的外國劇本。也許正因爲此，在寫作劇本時，除了考慮舞台指示之外，他始終堅持「我的劇本總是想給讀者讀的。」

　　偉大作家必須要寫出他對生活深刻的眞感受，寫出他所要寫出的人物和思想。在這上，無論英國的莎士比亞、狄更斯、哈代，還是帝俄時期的托爾斯泰、屠格涅夫、契訶夫，都無一例外。中國的魯迅、茅盾、巴金、老舍、沈從文也一樣。

　　十八歲時的曹禺有了一個夢，就是該寫個像樣的東西出來。他幾乎整天坐在清華大學圖書館裏固定的一角，一邊貪婪地讀外國劇本，做筆記，一邊苦思冥想，不斷揣摩自己要寫的戲劇裏的人物性格、曲折故事甚至語言的特有風味等。想了五年，中國現代戲劇史上的第一個高峰《雷雨》誕生了。它無疑是中西戲劇藝術集大成的一個典範，從希臘悲劇到契訶夫不事雕琢的技巧和尤金・奧尼爾的抒情寫實主義，他在卓越的編劇才能下，雜糅在一起。《雷雨》至今仍是中國現代戲劇史上一座難以逾越的藝術豐碑。相隔不久，他又以天才的戲劇稟賦，接連寫出了《日出》、《原野》和《北京人》等名作。這是曹禺最好的四個劇本，他本人好像更偏愛《北京人》。

　　他根據巴金小說《家》改編的同名劇作《家》，也稱得上是一部經典劇作。巴金在他晚年寫的《懷念曹禺》一文中，提及一九四二年曹禺在泊在重慶附近的一條江輪上開始改編他的《家》時說：「整整一個夏天，他寫出了他所有的愛和痛苦。那些充滿激情的優美的台詞，是從他心底深處流淌出來的，那裏面有他的愛，有他的恨，有他的眼淚，有他的靈魂的呼號。他爲自己的眞

實感情奮鬥。……他是一位眞正的藝術家！」

曹禺晚年常慨嘆：「莎劇的劇本極深刻，人物語言，非吾等所能想像。」其實，像寫小說一樣，戲劇的最深刻意義同樣是刻畫人的靈魂。他說作爲一個戲劇家，最該傾心的就是寫「人」，全部的心思都該用在如何刻畫人物上。曹禺戲劇的成功之處，簡單說來就在於他是詩性的藝術創造中，把一個個鮮活的靈魂刻畫了出來，並使之不朽。

我想不單是因爲，曹禺童年生活在一個令人窒息的鬱悶家庭，才使他無疑是有意識地把描繪「家」的運命作爲他戲劇創作的根脈，並以反叛來掙脫銘刻在幼小心靈上的陰影。他的劇作，從《雷雨》、《北京人》、《家》，到《日出》、《原野》，都與「家」有著千絲萬縷扯不斷的糾葛。一切的戲劇衝突，也都是在「家」中演繹。他一定有更深層次的思考，那就是，中國傳統文化最根性的體現就是一個「家」，或者簡言之，中國傳統文化在實質上就是「家」文化。逃離了小「家」又如何呢？娜拉是早擺在那兒了。小「家」無異於是一個「大」社會，大「家」也毋寧說是個「小」社會。總之，文化這個「家」注定了是誰都逃不出去的。所以，從悲劇意義上講，「家」是人類永遠的終極宿命，是一道永遠無法衝破的藩籬。表面上束縛人的是「家」，而骨子裏的本質卻是文化。「家」的夢魘是人類心靈上永遠的桎梏。「家」的悲劇自然也就成了文化的悲劇。我甚至想說，曹禺的劇作某種程度上是在以他獨特的戲劇方式藝術地爲中國傳統文化唱挽歌。曹禺戲劇最深刻的意義是否該在於此呢？我不敢妄自置喙。

不過，我覺得，應該是戲劇，而非詩歌，才是文學各個體裁中最精美、高貴的藝術形式。戲劇家一定要有詩人的性情才華，

要有小說家豐富的想像力和刻畫人物的本領，還要有散文家的精微細緻，要有雜文家的敏銳犀利，甚至要有哲學家的深邃堂奧。語言當然得是詩的。換言之，最好的戲劇應當是詩劇。莎士比亞如此，曹禺也是把這當成他戲劇藝術堅持不懈追求的最高理想。無論從何種角度，說他是中國現代戲劇史上的莎士比亞一點不算過分。他的戲劇才華只有寫出了《茶館》的老舍，可與之比肩。

　　可惜而又遺憾的是，曹禺晚年完全陷入一種「急於寫戲，而腹中空空」的痛苦中。他曾在日記中立誓，「要從七十一歲起寫作二十年，到九十一歲擱筆。要練身體，集材料，有秩序，有寫作時間。放棄社會活動，多看書，記錄有用的語言。」讀過巴金的《隨想錄》以後，他打心底羨慕巴金的勇敢、誠實，言行一致。他也清醒地意識到，活著就要說眞話，「但卻怕說了很偏激。那些狼一般的『正義者』將奪去我的安靜與時間，這『時間』，我要寫出我死前最後的一二部劇本。」他確實感到自己應該想寫什麼，便寫什麼！「不能有個東西箍著我的頭，什麼思想，什麼條條框框妨礙我的筆。『自由』當然不能絕對的，但寫作時必須『自由』，任自己按自己已有的觀念、思維、感情——愛的、憎的、純摯的情感去寫！不然，我將憋死！」

　　他眞的被「憋」得痛苦萬狀。

　　他成了莎士比亞筆下的「哈姆雷特」。

　　但他有《雷雨》、《日出》傳世，就已經不朽了。

　　中國現代戲劇因有了曹禺而沒有蒼白。他是天才的戲劇大師。

硬氣的胡風散文

胡風稱得上是個硬氣文人，我覺得他不光人硬，文也硬。我在少不更事的時候，只喜歡讀令人愁腸百結的詩文，算是爲賦新詩強說愁的那種意氣少年。喜歡的文人也是風流倜儻型的居多，對於因「反革命陰謀集團」而「臭名昭著」的胡風，其人其文，則根本不在拜展之列。

等我在大體了解了他的爲人以後，才開始想讀他的文。而在認眞讀過他的文以後，又越發佩服他的爲人。我居然不清楚，他曾是那麼能戰鬥的一位硬骨頭文人。他不光是一位天才的理論家，還是一位有思想、有激情的詩人。他以爲生活就是追尋，詩就是追尋中的靈魂所感受的苦悶或歡喜的「叫喊」。鐵窗僅鎖得住他的肉體軀殼，他的精神生活卻始終沒有停止「叫喊」。

他見不慣我們的文人總是反覆著永遠不變的調子，跟著前人說爛了的口語。最基本的東西遭到了遺棄，最堅貞的東西遭到了湮沒，被遺棄被湮沒在一片五色繽紛的迷霧裏面。荒涼的文學史上沒有偉大的作品，也沒有泛濫的波瀾，而是留下了永遠不死的桎梏。他吶喊：不要愛惜在奴隸境遇下的生命，也不要貪戀瓦上霜一樣的個人的「事業」，更不要記住什麼狗屁的「地位」。而要努力使中華大地上充溢著鮮艷的色澤和濃郁的香氣。腐爛的在在要使別的存在跟著它腐爛，健康的生命才能啓發健康的生命。

精神戰士不應該也沒有權利在昏倦裏面漸漸地僵死。

胡風是那種爲信仰，爲主義的文人。他是主張文學爲人生的。並把重視實踐，忠於實踐，視爲黨性立場的具體體現。他早在《爲祖國，爲人生——文學報代致辭》一文中指出：「只要人類不會回到野蠻時代，不肯自甘毀滅，那中華民族要自由，中國人民要有幸福，就好似鐵一樣的眞理，而以愛眞性爲靈魂的文藝，除了爲這眞理服務以外，當然再也不會找到其他的生存意義。」他的一生其實都在爲此奮鬥！

但我覺得遺憾的是，那個特定時代歷史的侷限，使得胡風只能把以「主觀戰鬥精神」爲精髓的革命現實主義視爲文學創作的唯一道路。現實主義成了他文藝理論的宗教，而宗教又都具有排異性，往往也就難免露出故步自封和唯我獨尊的偏狹。文學創作必須是多元的，中國的文學也不能僅僅是高爾基和魯迅的文學。所以，當書生本色的胡風因「三十萬言書」被打成是「資產階級唯心論的錯誤思想」，以及披著「馬克思主義外衣」進行著反黨反人民的鬥爭時，實在是一種反諷。

二十世紀的中國，因思想而獲罪者可謂多矣，胡風僅是其中很典型的一個。他的悲劇其實也只是整個二十世紀中國知識分子精神悲歌的一個插曲。

胡風強調，藝術（文學）作品的內容一定是歷史的東西。離開了人生就沒有藝術（文學），離開了歷史（社會）就沒有人生。「一個爲人類的自由幸福的戰鬥者，一個爲億萬生靈的災難的苦行者，一個善良的心靈的所有者，即令他自己沒有寫過一行字，我們也能夠毫不躊躇地稱他爲詩人。……文藝作家不應只是空洞地狂叫，也不應作淡漠的細描，他得用堅實的愛憎眞切地反映出

蠢動著的生活形象。」

胡風還認為作家應具有偉大的人格。作家的追求人生，得表現在他苦心孤詣的創作正與自己的身心感應「融然無間」。其結果必然是「作者和人生的擁合，同時也就是人生和藝術的擁合了」。而對於客觀事物的理解和發現更需要主觀精神的「突擊」。客觀事物也只有通過主觀精神的燃燒，才能夠使雜質成灰，使精英更亮，而凝成渾然的藝術生命。「舊的人生的衰亡及其在衰亡過程上的掙扎和苦惱，新的人生的生長及其在生長過程上的歡樂和艱辛，從這裏，偉大的民族找到了永生的道路，也從這裏，偉大的文藝找到了創造的源泉」。

對於文藝理論，我是個徹底的門外漢，可說沒有一點頭，也沒有一點根基，絕不敢有半點妄言置喙，充其量只能是把自己對胡風的一點極膚淺的感性認識表露出來；對於胡風這座文藝理論冰山，就只露出海面的那一角，恐怕也沒誰敢輕言獨領盡解。

關於胡風的理論文字，我想至今仍以路翎所說為最貼切。他說：「胡風是想用一種貼近創作過程，充滿創作體驗的、有血肉感覺的、富有彈力的文字來表達他的見解的。他在《文藝筆談》中的論文有著嚴謹的深刻的科學語言，但他後來的許多文章有意避開了這種語言。這一則因為生活有波動，二則也因為或更因為他從事文學理論的時候除了反對機械教條式的搬動概念以外，還有意識地用充滿實感的語言方式進行理論的表達。他的文字是感情的，是有生活和文學實踐的感染的；當然，那內在的邏輯也是十分嚴密的」。

胡風是人如其文，也文如其人的。讀他的理論和雜感類文字，會感到他慣常的面孔：剛硬，有棱角，摸上去真扎手；深

邃，有內涵，讀進去有韌勁。而讀他的純散文作品，我竟讀出來
往常不知的另一面：俠骨，有血性，一副義氣肝膽；柔腸，有情
感，頗具丹心豪情。

　　錚錚硬漢人，

　　俠骨柔情文。

　　金戈方恨時，

　　滄桑是最眞。

梁思成的北京城

　　提起北京城的建築和規劃，實在是一個令人傷心不已的話題。不知道有多少熱愛老北京，把祖宗留下的這份世界上罕貴無比的建築傑作當寶貝的人們，得知城牆拆了，牌樓拆了，感到撕心裂肺般的心疼。梁思成一定是其中最為痛苦而困惑的一位。

　　梁思成在論述北京的古代城市建築規劃之完美和建築藝術成就之高時，曾不禁這樣感嘆：「北平的整個形制既是世界上可貴的孤例，而同時又是藝術的傑作。城內外許多建築物都又各個的是在歷史上、建築史上、藝術史上的至寶。……」它們綜合起來是一個龐大的「歷史藝術陳列館」。從保護歷史和藝術的角度出發，絕不應當破壞這個全世界保存最好的體系。因為歷史的文物對於人民有一種特殊的精神影響，最能觸發人們對民族對人類的自信心。

　　但是，具有歷史責任感的呼聲，無論感情多麼強烈，也終被盲目和無知所淹沒。倘若拆除精美的城牆、牌樓的行為在當時確是理性的，只是後來歷史證明其本身是錯誤的，我們也可在扼腕嘆息之餘表示諒解。可似乎找不到任何理由。具有諷刺意味的是，歷史上凡「破」字當頭的行為，大都是越盲目越理直氣壯。

　　梁思成在呼籲保護古建築的過程中，耐心地把各種破壞行為所可能依據的想法 一一 加以駁斥。他對中國傳統建築的鍾愛之

情，從他對那一磚一瓦，一欄一石，一寺一塔，一廟一殿的品
味便可見一斑。他並非一個只耽於古典情趣，而不理會時代發展
和社會進步的夢想家。相反，他是個非常務實的建築學家。他在
四○年代就已清楚意識到中國城市已經走到傳統與現代化的臨界
點，沒有任何力量能阻止北京城的都市化進程。他深知作爲一
個科學家，其不可推卸的責任是用智慧和知識將傳統與現代化相
融，單憑對中國建築美感的依戀是遠遠不夠的。因爲不是所有人
都能在實際利益面前向歷史的責任和審美的需求讓步。

　　梁思成在《關於北京城牆存廢問題的討論》一文中指出，保
存城牆絲毫不會妨礙未來日益繁忙的交通，從經濟角度考慮，拆
除城牆要用炸藥，運輸城磚也浪費人力物力。不但是庸人自擾，
簡直是罪過的行動了。那如何解決龐大的政府行政中心區的用地
問題與舊城區的矛盾呢？梁思成指出向西郊近城發展建立新區是
上策，這樣不僅可以使辦公區有足夠的面積和發展餘地，以及人
口過密、控制車輛的合理流量，還可以一勞永逸地保護舊北京的
建築文物不遭破壞。

　　除了保護文物的原則之外，梁思成認爲一個市鎮最理想的布
局是要讓居民「安居樂業」，現代化的城市更要以人民的安適與
健康爲前提。北京的城牆可以建成環城公園，這將是一個長達三
九・七五公里，世界上獨一無二的立體公園。「夏季黃昏，可供
數十萬人的納涼遊息。秋高氣爽的時節，登高遠眺，俯視全城，
西北蒼蒼的西山，東南無際的平原，居住於城市的人民可以這樣
接近大自然，胸襟壯闊」。

　　梁思成的北京是美麗的。想想今天的市政要在保護古建築與
城市現代化建設之間艱難抉擇，也是五十年前不聽「梁」言相勸

留下的後遺症。如今在拓寬的商業街和林立的商城大廈包圍下，故宮、北海、景山成了都市盆景，由九城的城牆、牌樓、宮殿、王府、四合院所支撐起的古城的和諧已經支離破碎。我不知道讓老百姓獻城磚再修復一段舊城牆，這種廉價的亡羊補牢還有什麼實際價值和意義。

「一個東方古國的城市，在建築上如果完全失掉自己的藝術特性，在文化表現及觀瞻方面都是大可痛心的」。老北京已經在虛冥裏幻化成一首「凝動的音樂」，熱愛老北京的人現在也只能落得在躲避交通堵塞和大氣污染之餘，用想像的記憶去夢尋古都的風采神韻了。

散簡淡遠的孫犁散文

　　嚴格說來，孫犁是以小說家著稱的，他的長篇小說《風雲初記》，中篇小說《鐵木前傳》，以《蘆花蕩》、《荷花淀》爲代表的傳誦已久的短篇名作，都以富於浪漫主義的抒情基調贏得了無數讀者的喜愛。他尤其擅長以濃郁雋永的詩意筆觸，通過細膩白描女性人物形象表現時代精神，構成其獨特的藝術風格。

　　孫犁被譽爲是「詩人型和音樂型的小說家」。但凡說到他的語言，評論家常常不吝惜把優美如詩，鮮明如畫，悠悠如曲之類的形容詞奉獻出來，深沉、含蓄、抒情、秀雅、雋永、清麗、自然、蘊藉、淡遠、俊逸、簡潔、遒勁……，諸如此類的詞彙可以羅列一大堆。

　　人們慣用「行雲流水，明麗天然」來比喻孫犁的小說，說它們具有濃郁的抒情韻味和雋永的詩畫情境。他的小說，還被當成是「獨具特色的時代風雲錄」。茅盾評價「他的散文富於抒情味，他的小說好像不講究篇章結構，然而決不枝蔓；他是用談笑從容的態度來描摹風雲變幻的，好處在於雖多風趣而不落輕佻。」

　　孫犁早期著力在小說，散文寫得不多，也不如晚年寫得那般淳樸老到。讀他早期散文的感覺，似乎是他把寫短篇小說的素材邊角料隨手編就成的副產品，遠沒有「正品」的短篇小說出色，也沒有形成鮮明的藝術個性。當然，散文裏他一貫的情致韻味是

少不了的，如《采蒲台的葦》、《張秋閣》、《保定舊事》、《在
阜平》等。

在古代的中國散文作家裏，孫犁喜歡韓非、司馬遷、柳宗元
和歐陽修。他欣賞柳宗元用以表達「奧秘的道理的手段，卻是活
生生的，人人習見的現實生活的精細描繪。」他尤其稱羨歐陽修
「最善於變化文章的句法，力求使它新穎和有力量。」

從孫犁所寫《歐陽修的散文》一文，不難看出他對於散文的
藝術境界是怎樣的一種追求。他認為，「歐陽修的文章，常常是
從平易近人處出發，從入情入理的具體事物出發，從極平凡的道
理出發。及至寫到中間，或寫到最後，其文章所含蓄的道理，也
是驚人不凡的。而留下的印象，比大聲喧唱者，尤為深刻。」他
說歐陽修「並不是天才的作家。他是認真觀察，反覆思考，融合
於心，然後執筆，寫成文章，又不厭其煩地推敲修改。他的文章
實以力得來，非以才得來。」「文章的真正功力，在於寫實；寫
實的獨到之處，在於層次明晰，合理展開；在於情景交融，人地
相當；在於處處自然，不傷造作。」

在外國作家裏，他喜歡普希金、梅里美、果戈里和高爾基作
品裏的浪漫主義氣息，「詩一樣的調子，和對於美的追求。」他
們的作品，「合乎我的氣質，合乎我的脾胃。」他像契訶夫一樣，
重視單純、樸素、簡練、真摯，痛惡庸俗和做作。

但古今中外作家對他精神影響最大的是魯迅。他在青年時代
喜歡魯迅達到狂熱的程度，「省吃儉用，買一本魯迅的書，視如
珍寶，行止與俱。」他說：「只要人類社會還存在真和假、善和
惡、美和醜的矛盾和鬥爭，魯迅先生的散文，就永遠是人民手中
制敵必勝的鋒利武器。這就叫不朽的著作。」我想，孫犁寫人物

運用純熟的白描技法，無疑是師承魯迅的，就是要「極省儉地畫出一個人的特點。」

孫犁的爲文之法，爲人之道，其實可以用他的一句話來歸結——「作家永遠是現實生活的眞善美的衛道士。」他認爲，「主觀方面，即作家的素質、修養和努力，是藝術家成功的主要規律。」所以，他特別強調讀書對於作家的重要：「文化修養，是成爲作家的基礎。沒有很好的文化環境，不認眞讀點書，是不能成爲眞正的作家的。」

孫犁生平除了愛書，沒有別的愛好。晚年作品，也是讀書隨筆類散文居多，且寫得頗有風骨，自成一格。而他只是淡淡地說：「我只是覺得，我老了，應該說些切實的話，通俗易懂的話。在選題時，要言之有物；在行文時，要直話直說，或者簡短截說。」他晚年的散文多篇幅簡短，卻意蘊彌深。「及至老年，我相信，過去的事跡，由此而產生的回憶，自責或自負，歡樂與悲哀，是最眞實的，最可靠的，最不自欺也不會欺人的。」我想，他在爲文上甚至刻意要像歐陽修一樣，「自然、樸實，加上藝術上的不斷探索，精益求精，使得他的文章，如此見重於當時，推仰於後世。」

對作家來說，有什麼樣的性情，成就什麼樣的創作。孫犁說自己「余性孤僻，疏於友道」。平易、誠懇，與世無爭的性情，使他推崇「道德文章的統一，爲人爲文的風格統一，才能成爲一代文章的模範。」所謂作家之德，就是爲人要坦率眞誠，有高尙的道義，在逆境中潔身自好。這在已經常常文不如其人，人不如其文的今天，尤顯出了可貴。

在談到散文創作時，孫犁認爲，寫小說、詩歌和報告文學都

可以多產，「惟獨散文這一體，不能多產。」這是因為「第一，散文在內容上要實；第二，散文在文字上要簡。」因此，他看不慣「近來我們的散文，多變成了『散文詩』或『散文小說』。……文章題目，多如農村酒招，華麗而破舊，一語道破整篇內容。散文如無具體約束，無真情實感，就會枝蔓無邊。」

孫犁極不贊成散文即是「鬆散的文章，隨便的文體」的提法，認為隨筆「和散文並非一回事。」而且，散文的生命，亦不在加強「詩意」。因為在他看來，「中國古代的散文，其取勝之處，從不在於詩，而在於理。它從具體事物寫起，然後引申出一種見解，一種道理。這種見解和道理，因為是從實際出發的，就為人們所承認、信服，如此形成這篇散文的生命。」

他始終認為，「凡是偉大的作品，它本身就顯耀著一種理想的光輝。這種光輝，當然是創造它的藝術家，賦與它的。這種理想，當然來自藝術家的心靈。……理想、願望之於藝術家，如陽光雨露之於草木。藝術家失去理想，本身即將枯死。」

孫犁仙逝，好比文壇倒下了一棵參天大樹，但他卻以文人的純潔心靈和高貴精神，聳起了一座不朽的文學豐碑。

徐志摩：一個生命的信徒

　　徐志摩是中國現代文壇最具特色、最有才華和最優秀的詩人、散文家之一，他是開一代詩風的「新月派」的主將，被譽爲中國的雪萊。「他的詩及散文，都已經有一種中國文學裏從來不曾有過的風格」①，在「散文與詩方面，所成就的華麗局面，在國內還沒有相似的另一人」②。他像熱情的雪萊一樣，把心靈至深處的內在情感，通過文字的音符，浪漫地、自然地抒發出來，他的詩也如雪萊正像圓潤和諧的旋律富於音樂美。他的散文更是詩的擴演，蘊藉著一片絢爛迷麗的春光，一團熱情奔騰的火焰，一腔眞實跳蕩的激情，「採取西文的菁華，釀成空前的文體，這在文學史上實在有不可抹滅的價値」③。徐志摩以一顆空靈到單純透明的童心，把對自然的執著熱戀，對自由、美和愛的熱烈追求，對生命的眞摯崇拜，對人世的悲歡感慨，對性靈的讚美抒唱，用豐潤優美的詩的語言，美麗嚴謹的詩的形式，幽遠含蓄的詩的意境，親切地、灑脫地表達出來。「他的辭藻眞繁富，眞複雜，眞多變化，好像青春大澤，萬卉初葩，好像海市蜃樓，瞬息起滅，但難得他把它們安排得那樣和諧，柔和中有力度，濃厚中有淡泊，鮮明中有素雅」④。這樣飄逸瀟灑的文字，不可能出於徐志摩以外任何人的筆下。

瀟灑詩風

　　劍橋是徐志摩的夢之故鄉，是他藝術創作的搖籃，是孕育他性靈生長的胎宮。沐浴著劍橋文化的洗禮，志摩開始了詩歌創作，只是當時對於詩的興味還遠不及對相對論和民約論感興趣，但他的生命畢竟受了一種偉大力量的震撼，濃烈而柔美的情感意念都化作了詩的繽紛花雨。劍橋的一草一木一景一物，都凝聚著他整個身心的愛戀。一九二一年春，是他一生中最自然、最愉快的一段時光。「我那時有的是閒暇，有的是自由，有的是絕對單獨的機會」。面對劍橋幽美綺麗的自然風景，美感的神奇頓時昇華為一首首清新婉麗、恬靜幽雅的詩篇。從這時到徐志摩仙逝的十年間，他共結集出版了三本詩集：《志摩的詩》、《翡冷翠的一夜》、《猛虎集》，死後經友人又編印了《雲遊》。

　　志摩的早期詩歌明顯受到英國十八世紀末湖畔詩人華滋華斯的深刻影響。華滋華斯認為，「詩，來源於以寧靜的心情回憶起來的感情」。而志摩那時正好完完全全陶醉在劍橋柔和親切、靜謐和諧的田園風光裏，在優美的自然音籟中傾聽著靈性的聲音，尋覓著美妙的啟悟。從《春》、《夏日田間即景》、《沙士頓重遊隨筆》、《康橋西野暮色》等一行行描繪劍橋自然景色的早期詩歌裏，都能感受到湖畔派詩風的神韻，充滿了牧歌情調。《鄉村裏的音籟》、《天國的消息》、《石虎胡同七號》、《東山小曲》更是接近華滋華斯華麗流暢，表現大自然與人生和諧的抒情詩，彌漫著一種唯美主義色彩，使人沉浸在田園美的享受裏。

　　回返自然，與自然進行精神交流是志摩反覆詠誦的詩歌主題，在對自然的激情中蘊藉真實的感情，因為在他看來，自然界的一

切聲音，都能撫慰人的心靈，世界上的一切生靈都是大自然胎宮孕育的嬰兒。醉情於吸吮母親的乳漿，才能真正在自然的純淨裏忘卻自我，達到人與自然的契合，使靈魂保持純潔，在自然的單純壯麗之中感受美，通過健康和敏銳的感覺獲得自然的啓示。浪漫主義情調裏充滿了清新的氣息。

「我的眼是康橋教我睜的，我的求知欲，是康橋給我撥動的，我的自我意識，是康橋給我胚胎的……」。英國劍橋文化，把志摩塑造成一個單純的浪漫理想主義者，志摩的天性也使他傾向於追求單純的理想主義信仰。他始終是個真誠的生命的信徒，把生命視爲一切理想的根源，以自我的本真熱烈抒唱追求理想的人生和自由的意志，對偉大的生命的種子發育成一個比一個更永久的嬰兒充滿了感情和希望。《雪花的快樂》、《這是一個懦怯的世界》、《爲要尋一個明星》、《我有一個戀愛》寄託著志摩對理想、自由的熱情讚頌和執著追求。散文詩《嬰兒》更是以浪漫的象徵主義表現手法，呼喚英國式民主政治和絕對自由人生的到來。他是把個人精神裏聖潔的單純信仰和情感，毫不阻攔地「泛濫」出來，激烈澎湃，熱情昂揚。可他還是有不少詩歌從悲天憫人的人道情懷出發，對現實人生中的黑暗、不幸、痛苦、悲慘的情景，表示同情和關注，抒發鬱悶和不滿，《叫化活該》、《蓋上幾張油紙》、《太平景象》、《一小幅窮樂圖》、《人變獸》、《這年頭活著不易》、《梅雪爭春》等，都屬反映現實場景題材的詩歌。

在人類生活中，還有什麼比愛這種發生在男女之間的感情更強烈的呢？志摩是個篤信感情的詩人，而所謂感情就是愛和情人的死所引起的悲，愛情是生命的一切意義所在，他在許多愛情詩

裏，賦予愛一種不朽的意味，「我是幸福的，因爲我愛，因爲我有愛。多偉大，多充實的一個字！提著它胸肋間就透著熱，放著光，滋生著力量」⑤。在中國現代詩壇，能如志摩一般熱烈表現愛情，讚美愛人，並在詩中迸發無法擺脫的愛的折磨的，恐再找不出第二人。他雖不像泰戈爾那樣寫下那麼多豐富壯麗的愛的詩篇，也不如泰戈爾描繪愛情那般深沉、廣闊，但在表現愛的強烈上，絕不讓之比肩，且同樣富於東方情調。《決斷》、《我來揚子江邊買一把蓮蓬》、《起造一座牆》、《在那山道旁》、《情死》、《天神似的英雄》、《月夜聽琴》、《清風吹斷春朝夢》、《最後的那一天》等等及長詩《愛的靈感》，都是志摩愛情生活的留痕，他把愛的纏綿，愛的甜蜜，愛的痛苦，愛的一切複雜情感，自然舒暢而又強烈濃麗地傳達出來。他一忽兒沉湎於愛的酣暢，愛是生命存在的光明燈塔，一忽兒跌落於愛的苦杯，燈塔的光又因愛的風雨變得迷離一片。他一忽兒對愛充滿了讚美和希望，愛領他走進幸福的窄門，一忽兒愛的幻想變得迷茫，愛的激情又陷入渾沌。

志摩是爲愛而生，爲愛而死，爲愛而歌，爲愛而泣。《翡冷翠的一夜》捧給情人一顆激跳不已的心，那裏有愛的焦灼、愛的渴望、愛的誓言，那一份執著痴迷的愛戀，直是濃得化不開。志摩的愛情詩有英國詩人濟慈的韻味，芳香、甜美的唯美意緒，如晨曦爲朝露披上虹霓；如怨如慕的悲歡情思，若皎月給秋草抹上瑩白。志摩亦像濟慈一樣，比同時代詩人更具藝術的氣質，他只願眞情抒唱生命和愛，而絕少考慮什麼思想原則，他甚至把男歡女愛的調謔和戲鬧寫進詩裏，如《別擰我，疼》、《春的投生》。

徐志摩的後期詩歌，由於其理想主義的碰壁，使他再沒有力

量，鼓起拜倫式的激情，「最近這幾年生活不是極平凡，簡直是
到了枯窘的深處」。隨著詩的產量也盡「向瘦小裏耗」⑥。詩魂
一旦沉浸在感傷之中，詩便顯出憂鬱和悲觀來。更何況他的性靈
裏注入了托馬斯·哈代的悲觀現實主義，詩歌的激調就由單純的
浪漫理想退潮到虛無的悲觀和絕望的憂愁裏，熱烈轉向低婉，激
情化作哀怨。他感到一切都幻滅了，他的筆只落得抒寫「殘破的
思潮」。但志摩並未一味渲染哈代式的宿命觀念與悲觀態度，而
是把悲觀派的意象內容，散播到浪漫派的肌理中去，使詩歌具有
多重的意蘊和複雜的情緒。從《秋蟲》、《西窗》、《枉然》、
《生活》、《卑微》、《殘破》和《一塊晦色的路碑》等詩裏，
可以讀出深深的失望與悵惘，含蓄的悲哀與冷漠，超然的陰冷與
寧靜，他欲發出哈代那種「冷酷的笑聲與悲慘的呼聲」。

　　志摩的詩富有一種迷人的魅力，在於他所有的詩都是強烈感
情、率真個性的自然流溢，更在於他那美的詩歌形式和藝術手
法。「志摩的詩之異於他人者，在於他的豐富的情感之中帶著一
股不可抵抗的『媚』。這嫵媚，不可形容，你不會覺不到，它直
訴諸你的靈府。……是有情感的熱烘烘的曼妙的音樂」⑦。志摩
的詩寫來瀟灑自如、輕盈親切、溫柔熱情、想像新奇、聯想豐富，
真個具有音樂節奏感和韻律美，以其代表作《再別康橋》爲例，
簡直是一首出神入化的抒情詩，把內心的性靈神韻同自然界溫馨
靜謐的美妙交融，把自己對劍橋惜惜不捨的萬般柔情，借助勻整
的音節，整齊的韻律，行雲流水般表現出來，是西洋藝術表現手
法同中國古典詩詞意境美的完美諧和。

　　志摩有的詩善用形象生動的比喻，別致獨特的意象，如《雪
花的快樂》、《黃鸝》、《山中》等；有的詩精巧短小，細膩的

感情同哲理的啓迪相融；有的詩深情典雅、清新雋永，如《沙揚娜拉》；有的詩節奏悠揚，音調優美；有的詩虛幻飄逸，靜穆神奇……其實，只《再別康橋》一首，足以涵括志摩詩的所有藝術特色。全詩構思奇巧，格調明快，語言含蓄優美，極具感情色彩，詩節對仗工整，偶句押韻，音節和諧、悅耳、流暢，抑揚頓挫，有種跳動感，實現了詩化的音樂效果。讀來餘音裊裊，心弦爲之顫動不已。「其詩之價值，不言可知。至於他所運用的韻，神龍變化，不可捉摸，自然流露，毫無痕跡之可尋」⑧。志摩詩所鋪設的場景靜美秀逸，油畫般濃艷亮麗。徐志摩有許多詩都是詩歌繪畫美、建築美、音樂美的範例。

郁達夫把志摩比爲「一個淘氣、討愛，能使你永久不會忘懷的頑皮孩子」。如果不創造詩的音樂，自我生活缺乏詩感，這個孩子的靈魂就會變得孤獨和寂寞。志摩像一位瀟灑的詩歌仙子，飄然拂過年輕的中國詩壇，給它注入了精靈般的詩魂，豐富了新詩的藝術世界。

飄逸美文

「志摩，情才，亦一奇才也，以詩著，更以散文著」（林語堂語）。「讀了他的散文，我們馬上就看到他個性的光輝與神采；他的面貌，他說話的調子，他言談的神韻——它的活潑，一會兒拐彎抹角岔到一些不相干的趣事上去，一會兒又得意揚揚的回到閒談的主題上來，那麼犀利，那麼熱烈，彷彿除了爲閒談而閒談，什麼別的都不要緊——凡這一切全在他的散文裏」⑨。

徐志摩把自己的筆比成「最不受羈絆的一匹野馬」，他的散文也就有了「跑野馬」的風格，思維、想像也如野馬般在詩樣語

言描述、詩樣情緒構思中自由馳騁。無拘無束，抒發思想感情，讚美自然靈性，濃郁的詩情與鮮明的哲理相融相諧。法國偉大作家羅曼·羅蘭說過：「藝術的偉大意義的本質在於它能顯示靈魂的真正感情，內心生活的奧秘以及熱情的世界。」散文正是徐志摩最好表達性靈激情的藝術。散文如果失去了詩的純美和音樂的旋律，就會沉悶而無生氣。而志摩散文的內在本質正是詩，是抒情的奔放，是哲理的冥想，是歡樂的孕育，是悲愴的成長。

　　可以明確地說，志摩寫散文的靈性也是劍橋賦予的。他在劍橋學習、生活過兩年，劍橋是他藝術靈感的源泉，他在《我所知道的康橋》中，簡直把劍橋描畫成了大自然的優美樂園，他把一幅幅綺麗柔美、艷色重彩的劍橋風光呈現到讀者的眼前，字裏行間流露出對劍橋的迷戀和陶醉。格調上似英國隨筆，舒緩委婉，幽麗雋永，散發著大自然芬芳的氣息，抒發了自己醉情純粹美感之中的神奇，那濃郁的色彩，那音樂的節奏，那美妙的韻律，都是志摩所獨有的。徐志摩和劍橋已成為了一個生命整體，提起劍橋，誰個喜歡志摩、熱愛志摩的人不能隨口飄出那美若仙樂的詩句：「輕輕的我走了／正如我輕輕的來／我輕輕的招手／作別西天的雲彩」。

　　徐志摩一生出過三本散文集：《落葉》、《自剖》、《巴黎的鱗爪》和單篇散文《秋》，內容上大體可分為五類。

　　時政評論性的散文，有《這回連面子都不顧了》、《青年運動》、《政治生活與王家三阿嫂》、《守舊與「玩舊」》、《列寧忌日——談革命》等。很明顯，志摩最不擅寫這類文章，先不說他的政治見解是否謬誤，是否有違歷史發展。就他本人的天性來說，骨子裏是個詩人，而絕非政治家的料。他無論何時何地，何

文何處，都是太多太熱的情，壓過事，壓過理。他無法不使自己的筆給任何的事，任何的理，塗抹上一層抒情色彩，或濃或淡。

自剖性的散文從不同側面反映了志摩複雜的人生態度和思想感情，毫無遮掩地敞開了作者心靈的窗扉。《自剖》、《再剖》和《求醫》寫得較爲沉悶，像是在不動聲色地剖露心靈的苦悶和精神的痛苦，卻也在其中蘊含著一股力量，抒寫自己愛和平、講人道的生性，是爲對軍閥的殘暴表示義憤，對帝國主義的行爲表示憤怒，對政府的無能表示失望，對黑暗的現實表示不滿，流露出愛國主義情懷和人道主義思想。《想飛》和《迎上前去》表達了在現實面前不服輸要昂揚向上的生活態度，他「決不容忍性靈的頹唐，那是最不可救藥的墮落」。《話》實則是志摩的一篇宣言：生活是藝術，天賦靈性裏有我們的生命覺悟和心靈自由，只有在萬物的本質和自然的理則中，眞誠尋求、創造、耐心體驗、感悟，才能了解生活的趣味、價值和神聖，獲得眞純的思想和理想的人格。《海灘上種花》既是告誡自己，又是號召青年保持一個單純的信仰和爛漫的天眞，這樣就會有精力、勇敢和靈性的生活，就會在人道的海灘上種鮮花，「花也許消滅，但這種花的精神是不爛的」。

志摩有一組總題爲「哀思」的悼念親友的散文，極有特色，有《我的祖母之死》、《悼沈叔薇》、《我的彼得》、《弔劉叔和》、《傷雙括老人》等。這一組文字，樸實無華，筆調舒緩，任感情的哀思由筆底自然流出，如泣如訴，委婉動人，彌漫著一種哀傷悲戚的氣氛，使人在至情至愛的哀怨感傷之中，領略一種沉鬱的詩意美，別一樣韻味。

志摩的心中聳立著一座「英雄的高山」，他有不少散文描寫

了他所崇拜的英雄和他們的創作，如《拜倫》、《羅曼·羅蘭》、《泰山日出》、《泰弋爾來華》、《濟慈的夜鶯歌》、《湯麥司哈代的詩》、《丹農雪烏的小說》等。這類散文有的以樸素的寫實手法見長，凝重樸實，形象生動，如《謁見哈代的一個下午》，寫活了年過八旬的哈代這位英國文壇泰斗的老者形象，敘述之中自然流露出作者的崇敬之情和愉快的心緒。有的則以濃麗的浪漫手法稱妙，辭采飛揚，細膩動人，如《曼殊斐兒》，寫神了這位女小說家的仙姿靈態，給人留下深刻難忘的印象。志摩總能以詩人的敏感，精確捕捉把握所描繪對象的本質個性，選取最適宜的藝術方法表現人、事、理的內蘊。另一方面，志摩總是隨情之所至，不由自主地融進自己的心靈感受和主觀色彩，毫不掩飾自己的眞實性情。所以，志摩的散文只能是志摩的，別人模仿不來。

　　吟詠自然，寫景抒情的散文，最能體現徐志摩飄逸美文的風格，辭藻華美流暢，色彩濃麗繁複，感情眞摯強烈，想像豐富瑰麗，富於詩歌的韻律美，繪畫的色彩美，至於節奏，則是跌宕起伏，汪洋恣肆，隨興之所至，情之所引，亦眞亦幻，具有一種永恒的魅力。志摩的筆一經接觸自然，便彷若叢林中的雛鹿，活潑靈活，灑脫自如，充滿了奔放蓬勃的朝氣，心靈毫無保留地與自然契合。藝術的生命，感情的性靈，一經大自然親切的吹拂，便甦醒了，自己那一份摯情，就浸潤在自然萬物的光華神韻裏。志摩把自然喻爲一部最偉大的書，在它每一頁的字句裏都蘊含著生命的妙諦和深奧消息，只有單身投入自然懷抱，才能眞正感悟到靈魂的愉快和活著的快樂。

　　志摩認爲，現實生活阻礙了人的渾樸天眞，現代文明窒息了人的性靈，只有獨自漫步自然的時候，才能使思想感情、人生情

趣，與自然界景物融為一體。志摩崇拜自然，讚美自然，謳歌自然，賦予自然景物以人性，他在許多散文中反覆強調，必須愉快而充滿熱情地孤獨生活在自然之中，才能尋得寄託、慰藉，尋得生命的存在，尋得神奇的性靈。自然的生命裏蘊藏著人類的福音，浸透著虔誠的靈魂。《雨後虹》、《翡冷翠山居閒話》、《天目山中筆記》、《北戴河海濱的幻想》、《印度洋上的秋思》、《我所知道的康橋》，分明是一首首優美舒暢、崇高寧謐的散文詩，是一曲曲淳樸熱情、純淨超然的田園交響樂，洋溢著對大自然的熱愛和美好動人的感情。

　　徐志摩散文的最大特色是有一種「濃得化不開」的感情色彩，他寫散文多用第一人稱，這樣更便於直接和強烈地抒發剖露自我感情。他從不忘，真實是情不自禁地在散文裏袒露自己的靈魂、個性和思想。他的散文「長於流露抒發自己的感情，而拙於描寫社會生活」⑩。情動於衷，才最感人。

　　融合著詩情與哲理，是志摩散文的又一藝術特色。無論寫景、敘事，還是抒情，志摩特別「喜歡說理」，表述自己對社會、人生、理想的觀點的同時，給讀者以深遠的啓迪。志摩的「說理」中，找不出半點呆板、牽強的留痕，或說教式的口吻，因為他的「理」便是詩，詩樣的情緒塗抹在哲理的命題上，好比給思想的「落葉」染上一層絢麗的光彩，可以從中得到「無窮盡性靈的滋養與啓發與靈感」，把散文當詩寫，大量運用象徵、比喻、反複、排比等修辭方式，並把它們和諧地糅合在一起，就使他本身詩化的散文語言更增添了強烈的節奏感和音樂美，具有獨特的藝術境界，「那用字，有多生動活潑！那顏色，直是『濃得化不開』！那聯想的富麗，那生趣的充溢！尤其是他那態度與口吻，夠多輕

清，多頑皮，多伶俐！而那氣力也眞足，文章裏永不看出懈怠，
老那樣像夏雲的層湧，春泉的潺湲！」⑪

【註　釋】

①陳西瀅《閒話》，《現代評論》一九二六年二月二十日。

②沈從文《〈輪盤〉序》。

③許君遠《懷志摩先生》，參見秦賢次編《雲遊》，蘭亭書店一九八六年
　　版。

④蘇雪林《北風》，參見《雲遊》。

⑤徐志摩《死城》，見《輪盤》。

⑥徐志摩《猛虎集·序》。

⑦梁實秋《徐志摩與「新月」》，參見《雲遊》。

⑧陸淵《新詩用韻問題》，《學燈》一九二四年二月八日。

⑨溫源寧《徐志摩───一個大孩子》，參見《雲遊》。

⑩穆木天《徐志摩論》。

⑪楊振聲《與徐志摩的最後一別》，參見《雲遊》。

徐志摩的英文碩士論文

　　一九一八年九月，徐志摩抵舊金山，後進克拉克大學歷史系。次年九月，轉進紐約哥倫比亞大學經濟系攻讀碩士學位，開始關注政治、勞工、民主、文明和社會主義等問題的研究。一九二〇年九月，徐志摩以論文《論中國婦女的地位》畢業，並獲碩士學位，這篇用英文寫就的論文，從未被譯成中文收入徐志摩的各種文集，頂多也是在編輯說明裏注上：現藏美國哥倫比亞大學圖書館，不能不說是個遺憾。現由美國聖若望大學的金介甫教授寄來影印本，勉力譯出。金介甫在給我的信中談了他讀這篇論文的印象：「從今天的標準看，徐論中國婦女地位的觀點是很落後的了，但我想，在五四運動後僅兩年，他的觀點不致十分落後吧。顯然，他過分強調中國婦女地位積極的一面，部分是因為本著愛國的精神，反擊西方對中國的批評。」

　　香港嶺南大學的梁錫華教授，也早在其聯經版《徐志摩新傳》裏，有過類似的說明：「從今天嚴格的學術觀點來看，論文水平頗低，內容談及中國婦女自古以來的文化修養，並強調革命後中國婦女得解放的情形。這全然是愛國的志摩在洋人面前為中國婦女，也是為中國爭面子的一篇文章，其中不少情節都不免有穿鑿附會之形，在當時中國留學生中，幾乎是普遍性的。稍後聞一多留美寫家書時所發洩悲憤，那種『我們有哪一樣不如洋人』的歇斯底里

哀號，正說明這一點。」

志摩以為現代女權主義運動源於瑪麗・沃拉斯頓的《婦女權利的維護》，因為她是第一次從人性的觀點探索社會和道德問題，而沒有忽略性別。在她眼裏，一個女人應該成為她自己，並把握自身的命運。徐志摩想說明，中國婦女開始追求婦女解放和男女地位平等的理想，絕不比西方婦女晚多少，而且是「人類社會歷史上的重大事件之一」。志摩對西方人眼中形成的中國婦女悲慘不幸的印象不屑一顧，他認為盲目的外國旅行家和虛偽的傳教士把搜集到的一些不可靠的社會材料加以巧妙利用而得出的結論，實在令人發笑，志摩倒有中國儒士的寬容，「空間自然允許這些人自認正確的謬誤存在」。

儘管志摩認為中國婦女與其西方姐妹不同，是陳舊傳統束縛的產物，接受孔儒忠貞、孝道和天理觀念的訓教，但他絕不贊成西方人說中國不尊重婦女。相反，他認為與羅馬法律中對婦女的輕蔑形成對照，中國婦女獲得了相當高的地位。「從理論上講，中國婦女與男子絕對平等，中文裏的『妻』，即與丈夫『平等』之意」。他舉例說明即便在法國這樣為婦女地位感到驕傲的國家，女子婚後也降到附屬次要的地位，法律不承認婦女有支配財產的權利，而中國婦女卻可以隨心所願地買賣、轉讓自己的財產。事實當然並非如此，有點令人啼笑皆非的是，志摩竟把舊時女孩的稱謂「千金」、「明珠」，而男孩的綽號常是「狗子」，也看成婦女受尊重、有地位的標誌之一。

徐志摩還覺得納妾對妻子來說並不是一種污辱，因為一般情況下，沒有元配妻子的允許，丈夫不能納妾，而且元配往往比丈夫更有權選妾。妻在家中的地位比任何一個妾都尊貴。妾對妻子

和丈夫而言，不過侍從而已。妾在肉體上既年輕又迷人，可法律和習俗禁止丈夫對妾有絲毫的偏愛。志摩想以妻在家中的「正宗」地位來說明中國婦女的位置，此處再牽強不過，志摩難道忘了妾同妻一樣是女人？

更有意思的是，民族自醒意識竟使志摩羞於在洋人面前提及摧殘中國婦女千餘年的陋習惡俗——纏足。纏足的內質實際上是否定女性生命的價值，它的興起不過是為迎合男子病態、畸形的性審美欲望。志摩談到此處，只輕描淡寫地說這種在性變態趣味下產生的纏足是愚蠢的，而對西方作家把纏足當成揶揄嘲弄的內容頗有微詞：西方婦女流行的束腰又比中國的纏足好多少呢？更何況當西方人認識到束腰的落後時，中國人也意識到了纏足的邪惡。不過，徐志摩還是承認，「中國婦女在許多情形下，並未獲得應有的尊敬，與男人並不平等。離婚便是個明顯的例證。按照法律，男人可找出不能生育等諸多理由拋棄妻子，而妻子除被棄外，什麼也得不到。比這更糟的是，女人無論因何理由離婚，都會被社會瞧不起」。事實上，志摩心裏很明白「我們現有的文化，不容諱言，確是完全男性的事業。女性是叫男性壓著的，全世界都是的，不僅中國。」

在談到中國婦女低下的教育地位時，志摩依然不贊同西方人的說法。他認為就傳統教育而論，中國的傳統教育方式使女子在很小的年齡就操持起家庭，接受家政方面的知識教育。而且，他不無誇張地宣稱：「一位中國的農村婦女背誦詩詞歌賦，描述史實軼事，絕非希罕事。我倒想知道一位新英格蘭普通女工能否隨口背出莎士比亞或別的什麼詩人的詩句。中國的村婦總能把李太白、蘇東坡掛在嘴邊。」他想強調指出，中國從未忽視過女子

教育（這當然不是事實），那些歷史上天賦頗高的才女，蘇若蘭、蔡文姬、武則天、李清照、朱淑貞，哪個不是照耀百世的奇才異稟，足以與名儒志士相提並論。

　　徐志摩一九二八年在蘇州女子中學做過一次《關於女子》的演講，有些內容實際上是這篇論文部分觀點的延伸。為了說明西方傳統的女性觀念同樣保守，提起一百多年前英國著名小說家簡·奧斯汀時，志摩說她的環境並不見得比「我們現代的女子強」。「她也沒有一間自己可以開關的屋子，也沒有每年多少固定的收入」。就是近點的勃朗特三姐妹，也沒有過什麼安逸的生活，她們更多是靠了「卓絕的天才、蓬勃的熱情與超越的想像，逼著她們不得不寫」，要不她們也只能是三個平常的鄉間女子，「站在霧台上望望野景，在霧茫茫的天邊幻想大千世界的形形色色，幻想她們無顏色無波浪的生活中所不能的經驗」。

　　志摩自然對現代女子的教育更感興趣，只有這時，他才沒了盲目的民族自尊，不得不承認，是十九世紀初的天主教和新教傳教士，最先在中國鼓吹婦女教育，並隨著西方宗教、貿易、知識、文明思想的深入傳播，中國女子學校的數量不斷增加。志摩用了一些民國教育部公布的數字來說明女子教育越來越普及，而且以晚清到民國初年，政府開始向海外派女留學生，再後來，又出現了男女同校教育這一新事物，反映出社會和時代的進步。

　　斯賓塞說，要探討婦女的經濟地位，得特別關注國家的經濟結構，而經濟結構大多是由社會環境造成的。現代工業不發達和經濟模式基本停留在家庭內部或手工製作階段的地區，婦女的工作主要限定在家務上。只要經濟生活停滯不變，兩性職能的分野就不會受到影響。對中國婦女僵硬的家庭生活感到愕然的人們，

想起了工業革命到來前的英國婦女和殖民地時代的美國婦女，那時，家庭體制是形成經濟社會的基礎。徐志摩引用沃拉斯頓的觀點爲婦女家政辯護，並高度評價了婦女的神聖責任。中國女子從一開始就接受一種做賢妻良母的實用教育，經濟上完全依屬家庭。現代女權主義者極力宣揚的經濟獨立理想，絕少影響到生長在孔教傳統和迷信環境下的中國婦女，壓制了她們的主動性及個性。可徐志摩特別指出，家庭是婦女的王國，不僅在中國，在別的哪個地方都一樣，婦女是家庭的統治者，她們持家理財，控制花銷，精於烹飪，洗衣做飯，幾乎無一例外。鄉下婦女除了這些，還得幹農活，閒下來，便湧入城市，當褓姆、奶媽或女佣。徐志摩眞的感到中國婦女確實不幸，要持家、勞作，卻很少得到有報酬的職業，慶幸的是，隨著西方文明的引進，中國婦女第一次模糊感覺到自身的價值和獨立性，並正在贏得生活。她們開始接受現代教育，參加集體活動，不再囿於自家的小圍牆，還正把身心和靈魂注入到事業中去。

徐志摩在談到中國婦女的經濟地位時，用了最大的篇幅，這也說明經濟地位是衡量婦女整個社會地位的關鍵。女工的出現標誌著婦女經濟地位開始獲得認可，表明中國的工業革命時代有了發展。不過，徐志摩顯然誇大了女工所受的文明待遇，他以當時遠東最大的出版機構商務印書館爲例，通過具體數字說明中國婦女享受了工廠體制下的優酬厚遇，難免使人懷疑。

徐志摩從傳統地位、教育地位和經濟地位三個方面論述中國的婦女地位以後，沒忘了關注那些境遇悲慘的女性，可他對傳教士作家的反駁實在缺乏說服力。他說：「讓我們看看這些天才的傳教士作家是如何誇大事實的：『一個女嬰皺起眉頭，她鄙視、

厭惡男人，襁褓說不定會成了屍衣，因爲中國溺殺女嬰太司空見慣了。父親會把她扔進孩兒塔，鷹鷲便來啄食嫩肉。她還可能水葬在鄰近的河中，或活埋在陰濕的泥漿或出生的那間骯髒的小屋』。另一位著名傳教士作家寫得更有聲有色，他說曾親眼見到許多殘忍的父母把女嬰扔進垃圾堆，或扔給貪婪的家犬。」志摩把這看成一種可恥的誣蔑。另一方面，他又不否認確有類似情況存在，但他非得聲明，這類喪失理智的行爲在歐美同樣屢見不鮮，而且要依法治罪。

再者，徐志摩還談到「賣孩子」絕非想像中那麼可怕，這一由貧窮造成的習俗，某種程度上倒改善了窮家女的處境。最後一點，志摩提到「中國不會不受遍及全球的社會邪惡——賣淫的影響，許多純潔的靈魂墮落爲犧牲品」。金錢無疑是產生這一邪惡的最直接原因，不要說當時，即便今天，賣淫現象也是相當普遍，政府屢禁不止。志摩在文中寫到，「普通的無依無靠的年輕女人往往不得不在乞討、賣淫和自殺這三者間作出選擇」。隨著社會體制的打破，有組織的賣淫正在每個大的商業中心興起，而且，「當一個民族幾乎完全被經濟傳統制導時，沒有什麼法定的道德指令能阻止這種趨勢」。志摩以爲要解除這一影響社會道德完整的罪惡，「沒有比教育和工作更有效的了……中國必須在全社會發展工業，使那些貧困和文盲階層的婦女得到一種誠實的生活」。

徐志摩在論文結尾處，稍稍提到五四運動是中國現代婦女在社會事務中取得地位的絕好範例，他引用天津第一女子師範學校學生會主席的演講辭說：「形勢很嚴峻，有人把恥辱強加給愚昧的政府。姐妹們，我要說，中國最愚昧的是我們婦女。我們先纏起了足，思想被束縛，接著淪爲丈夫的奴隸。今天，我們正通過

婦女聯合會和學生會把自身從傳統古老的桎梏中解脫出來。」志摩從這裏聽到了中國婦女覺醒的聲音，她們不再與世隔絕，而是努力盡自己對社會的責任、義務。

　　讀徐志摩的這篇論文，自然不該忽視它產生的時代背景和社會環境。戊戌維新運動期間，維新志士、革命黨人，傳播新文化思潮，倡導文明新風。在清末民初產生很大社會影響的，正是關於女權問題的提出，維新人士大力提倡男女平等，主張女子要擺脫封建束縛的壓制，跟男子一樣對國家和社會負責任。在這種情形下，許多省成立了弁纏足會、天足會、放足會等，明達志士後又提出破除婚俗，興辦女學。愛國的志摩飄泊異城，當然希望把中國的婦女解放弘揚傳播開去，讓世界了解一百多年來中國婦女自強的努力，證明女性只要有同等的機會無論哪樣事情都不一定不如男性。「人類的前途展開了一個偉大的新的希望，就是此後文化的發展是兩性共同的企業，不再是以前似的單性的活動」。由此看來，志摩對女性未來充滿樂觀，還算個不錯的預言家呢。

　　徐志摩在一九二五年所作《叔本華與叔本華的婦女論》裏，更加強了這一觀點，他看到人們對女性的根本觀念發生了改變，婦女的社會地位也有了變化，女性人格獲得了與男子同等的認識，而且女性在學識、事業甚至創作藝術界裏取得了驚人的成績。她們充分證明了其在智力活動中的能耐，「跟著這智力的增加與靈性的擴大，她們原先在不平等甚至野蠻的社會狀況底下養成的習慣性情，也當然經受了極大的變化」。

　　志摩在那篇《關於女子》中，稱對女子問題「沒有什麼解決或解答的能力。我自己所知道的只是我的意識的流動……是我自己的意識的一個片段」。《論中國婦女的地位》實際上也是他

「意識的一個片段」，文學性不大談得上，說理稍牽強。但其史料價值是不言自明的，對研究徐志摩的女權思想和了解當時女界的社會狀況，有十分重要的意義。事實上，這篇論文在哥大圖書館沉睡了七十二年而終於面世本身，就夠重要的了。

徐志摩與「人間四月天」*

　　上次我在這兒講了一個很沉重的題目「老舍之死」，講一個作家文人的死；今天講的這個題目呢，就相對帶上一點兒浪漫傳奇的色彩，是講作家、詩人徐志摩的愛。上次是死，這次是談情說愛。

　　電視連續劇大家有的可能都看過，就是那個《人間四月天》嘛，有的可能會覺得這個徐志摩是一個很率真的情痴，就是對劇裏面的三個女人，張幼儀、陸小曼，還有林徽因，都是有愛有情，愛恨交加；我想還有人，尤其是把愛看得比生命更重的那些女孩子們，會覺得徐志摩是一個愛情上的自私鬼吧！就是說愛情自我中心。為了愛，他可以犧牲掉一切，甚至不惜把原配夫人張幼儀的，可以說是幸福吧，不當回事。當然，這是見仁見智了，因為徐志摩是個詩人，我想對他的這種至真至純的愛情呢，大概也就只有那種具有詩人情懷的人，才能夠理解的比較清楚，俗話講「文人無行」，我想換成詩人的話，大概這個「無行」就會加一個「更」字。

　　電視連續劇裏邊徐志摩和林徽因的愛情，是為林徽因的家屬，她的兒子梁從誡先生和女兒梁再冰女士所不能接受的。他們都認

＊此篇為作者二〇〇〇年十月六日在中國現代文學館的演講。

為這個電視劇胡編亂造，尤其是徐志摩追林徽因，好像是有損於母親的聲譽。在北京接受採訪以及在台灣訪問的時候，他倆最後都建議禁播這個電視劇。當然，對於家屬的這種過激反應，我是能夠理解的。

　　這部電視劇我是沒有看下去，我不知道裏面到底有沒有，或者有多少是胡編亂造的。我看不下去的理由，很簡單，就是那個人物造型跟我想像中的樣子相差十萬八千里。徐志摩絕對不是一個整天只會哭哭啼啼追求女孩子的「風流鬼」，而應該是一個情感至純至真的詩人，因為我讀了他的詩文，以及他的戀愛故事，就是說我等於對他有一個詩文以及人的理解。我覺得他不是這樣的一個人！對徐志摩的認識，我們不能以今天的那種道德倫理，那種慣常的評判來看待他，因為這種戀愛的事情，你往往不能夠用那種傳統的倫理觀念來看。如果要是那樣，徐志摩完全是一個離經叛道、道德淪喪的自私的「風流鬼」。對於徐志摩來說，他把戀愛看得非常重要，他認為戀愛就是他生命的中心與精華，戀愛成功了就是生命的成功，戀愛失敗了就是生命的失敗。他說「我將於茫茫人海中尋訪我靈魂唯一之伴侶，得之我幸，不得我命，如此而已」。他的這個信條，我覺得也是貫穿他生命始終的，就是他為戀愛而生，為戀愛而死，他因為有愛所以成了詩人，所以才寫詩，就是那樣一個狂熱的、浪漫的「新月派」大詩人。這個我想大家都知道。

　　對於有中國現代第一才女之稱的林徽因，我們現在在市面上也能夠見到有一本很厚的傳記，地鐵裏面就有，被打成暢銷書的《一代才女林徽因》。林徽因長得非常漂亮，她的才貌雙全，是屬於那種能夠吸引男性的傑出女性。當時三〇年代在北京有兩處

非常著名的作家沙龍，其中一個叫「太太的客廳」，就是在林徽因的家。那時她跟梁思成的家座落在今天東單附近的北總部胡同廿四號的四合院裏。那時候，那個院裏經常是歡聲笑語、高朋滿座，招來的不光是文壇的，也有政治界和社會各界的朋友；也不光是談文學，政治、經濟、社會、文化、歷史等等都談。所以，她那個地方也就成了一個著名的沙龍。還有一家呢，就是朱光潛先生的家，也是北京一個非常有名的沙龍。

對於有「現代第一才女」之稱的林徽因，我與她兒子梁從誡先生的看法在這點上是一樣的，就是我感覺現在沒有一個女演員能夠把她那種內在的高貴氣質和精神內涵完全表露出來。我想這肯定是挺難爲那位叫周迅的女演員的。演員這個職業，是不可能讓她像林徽因那樣具有那麼好的學養，而學養這個東西是貨眞價實的，是根本無法裝出來的。所以當看到她從外形上盡量作出有高貴氣質和精神內涵的樣子，我是無法接受這個假冒僞劣的產品的，就只好不去看了。

我自己是個徹頭徹尾的徐志摩迷，我寫過他的評傳，編過他的書信集，還編選導讀他的詩和散文，覺得對徐志摩的詩文以及爲人有一點發言權。他當初在美國哥倫比亞大學學的是經濟學，他最早不是要成爲一個詩人，他是要立志成爲一個中國的「漢米爾頓」，就是英國的一個政治經濟學家。徐志摩的理想是這個，他要用政治來救國，不想後來竟做了詩人。他在美國哥倫比亞大學的英文碩士論文叫《論中國婦女的地位》，這篇論文直到一九九四年我通過美國的一個漢學家金介甫先生，從美國哥倫比亞大學圖書館把它的縮微膠卷給我寄來，還原成複印件之後，我第一個把它翻譯成了中文。

　　他這篇論文非常有意思，如果換成今天的說詞，可以說這篇
論文表露了徐志摩一種廉價的愛國主義，他爲中國婦女爭權利爭
地位時不顧事實，說了許多特別冒頭的話。徐志摩是覺著要在西
方人面前爲中國人討一個公道，這種討公道的作法，非常廉價。
我舉個細節，裏面有這樣的一個例子，說西方人總是講中國婦女
沒有地位，三從四德，在家裏總是那種小老婆、姨太太的地位，
不高嘛。徐志摩就反過來說，實際上中國婦女已經有了很高的地
位，她們可以自己選擇丈夫，在這點上西方婦女好像還不行。當
外國人說中國的婦女纏小腳，是對女性權利的一種肆意踐踏的時
候呢，徐志摩就反唇相譏說，你們西方人不是原來還有過束腰束
胸嗎？單從這點上來說，中國婦女和西方婦女是平等的。可見徐
志摩的這種論理還是挺荒唐的，不過從中可見徐志摩的這種拳拳
愛國之心吧！

　　下邊就回到正題，來說徐志摩的戀愛。《人間四月天》裏講
到的事，我沒有看完，只看了幾集，因爲看不下去嘛。裏邊講到
徐志摩與張幼儀、林徽因和陸小曼三個女人的婚姻糾葛。其實他
們還落了一位，就是同樣是才女的作家凌叔華，凌叔華是二、三
〇年代與冰心齊名的幾個女作家之一。那個時候有幾大才女，冰
心、凌叔華、蘇雪林、石評梅、盧隱等等，凌叔華是其中一個佼
佼者，而且我覺著就是光論寫小說的才華，凌叔華還要在冰心之
上。換成我們今天流行的說法，我今天的這個講題呢，就可以叫
「徐志摩和他所愛的四個女人」，或者叫「一個男人和四個女人
的故事」。

　　現在我就一個一個來簡單講一講他們之間的愛情故事，希望
對正在戀愛著或者準備去戀愛的少男少女們有點實際的用處。現

在市面上淨是「戀愛大全」什麼的，聽我說這個管保比那個管用。

　　我覺著選擇愛情，某種意義上可以說就是選擇人生。單從這個意義上講，我感覺徐志摩是個失敗者，而且敗得非常慘。他這一生實際上只愛一個女人，那就是林徽因。他可以說是為她而離婚，為她而結婚，不管是他離婚之前愛著林徽因，還是後來他跟陸小曼結婚了，其實他心裏面無時無刻不在為林徽因牽掛、祈禱和祝福，卻始終不能與她結成連理。最後還是為了從上海專程趕回北京聽林徽因的一場關於建築學的演講，怕來不及沒有搭乘客機，而是趕搭了一架小型的郵政飛機，因為在濟南附近黨家庄上空遇雨霧大，飛機駕駛員操作失靈，撞上了一座非常低矮的小山。那座小山我還去看過，矮得簡直不可思議。我覺著那個飛機駕駛員簡直是太不像話。到後來，我又聽到一些說法，說為什麼飛機駕駛員會撞上山？除了當時的氣候條件和地理環境，地理環境就是說濟南郊區黨家庄附近淨是低矮的丘陵。還有一個重要的理由，就是當天那個飛機的主駕駛，是一位詩歌愛好者，他把主駕駛的位置讓給了副駕駛，他跟徐志摩坐在座位後面探討中國新詩的發展方向。副駕駛的技術我想可能多少有點二把刀，從當時飛機失事以後勘察現場的人發現，後座的兩個，屍體是徐志摩和主駕駛，而且好像還有燒成灰的詩集的殘骸之類的。我想，說不定主駕駛還在想讓徐志摩給他簽個名什麼的。徐志摩在世時有一次跟朋友聚會，大概是梁遇春吧，就是在點煙的時候他的火打得很大，把對方嚇了一跳，問他這是幹嘛，他就說我這是吻火，他當時說的是英文kissing the fire。

　　他就是喜歡吻火的這種境界，喜歡吻火的這種精神，喜歡吻火自亡的信念。那麼詩人的最後，人生的終局跟他開的這種玩笑

相一致了。飛機失事，徐志摩吻火而亡，可以說他為愛情而活，亦為愛情而死。他是非常羨慕西方有一種叫情死的，就是為情殉難，殉死。徐志摩的這個也算是情死了，就是他為了從上海趕回來聽他從始至終心裏所最愛的一個女人林徽因的演講，而吻火身亡。

　　我下面分成一個女性一段來講，我列了四個題目，第一個是講溫淑賢良張幼儀，徐志摩的髮妻；第二個講風流才女凌叔華；第三個是交際名媛陸小曼；第四個就是冰雪玉立林徽因。

　　徐志摩一八九七年一月十五日出生在浙江海寧縣風光旖旎的硤石小鎮，他的父親徐申如是個富商，當時是浙江硤石商會的會長，在滬杭一代的金融界和實業界有相當的地位。浙江那個時候剛開始修鐵路，徐申如出錢出力，他還使這個鐵路特別向東彎了一個彎，專門彎到硤石鎮，為硤石日後的工商業發展，奠定了一個非常好的基礎。我們現在老是說，想致富先修路，徐志摩的父親也算是個先行者了。

　　硤石有東山、西山兩座山，相傳兩千多年前，秦始皇到此視察，見遠方一帶遠山透出王者之尊，他怕這裏將來出現一個跟他爭權奪勢的怎麼辦？於是右手揮劍將此山斬為東西兩段。這當然是牽強附會了，但帝王的權力在此可見一斑。還有一個傳說呢，就是東山產浮石，西山產沉蘆。東山的浮石不管它塊大塊小往水裏一扔它不沉；蘆葦是很輕的，而西山的蘆葦不管你撅多小的一段往水裏一扔它立馬沉底，很有意思。海寧這個地方，稱得上是人傑地靈，每月的陰曆十五，尤其是每年的陰曆八月十五，還有浙江的蕭山縣，都是觀著名的「錢塘潮」的最佳地方。海寧海邊就有一處觀海潮的「望海樓」。

　　從近代到現代，海寧也出過幾位大人物，近代是國學大師王國維，海寧專門有一個王國維的紀念館；現代有兩位大詩人，一個就是徐志摩了，鼎鼎大名。還有一個，是在文革被迫害而死的「九葉」詩人之一穆旦，他的全名叫查良錚，跟金庸是親戚，金庸叫查良鏞。再下來一個就是武俠小說家金庸，金庸在小說中費了不少筆墨描繪乾隆和陳家洛的情感糾葛，一個要保住大清江山，一個要反清復明。其實他倆也不是情同手足，而原本就是陳閣老的兩個兒子。雍正生下女兒之後用自己的女兒跟陳閣老的一個兒子掉了包，掉包的那個兒子就是後來的乾隆皇帝。陳家洛後來是天地會的總舵主，於是兩個人就爭就打就殺，這個就是清朝的稗官野史，是野史上關於乾隆是漢人的幾個說法之一。這根本上就毫無根據，不是歷史，但是作為武俠小說來寫，肯定是上好的佐料。

　　扯遠了，再說徐志摩。徐志摩原名叫徐章垿，他不叫志摩，文章的章，垿是一個提土旁一個序言的序，這個名字有什麼講究嗎？有兩個說法，一個是說徐志摩抓周的時候，門口路過一個和尚，名字叫志輝。他用手在徐章垿的腦袋上摩了摩，就說此子係麒麟所生，將來必成大器。因為叫志輝的和尚有一個志字，在徐章垿的腦子上摩了摩，所以叫徐志摩。這個說法我覺著很附會了。第二個說法我倒覺得很可信了一些，就是說這個名字是徐志摩自己改的。他在一九二〇年去美國留學之前，已經有一個潛在的志向，將來想做一個詩人。唐朝大詩人王維，字摩詰。徐志摩自己志在成為摩詰那樣的人，所以改名叫徐志摩。但是他在美國的時候還沒有用這個名字，我剛才提到那篇哥倫比亞大學的畢業論文，他用的名字還是叫徐章垿。

　　徐志摩小時候非常聰明，是屬於很淘氣很調皮的那種學生，上課的時候大概還算認眞聽講，但是課下只顧了玩，而考試的時候成績往往又是第一名，可見其聰明程度非常高。據後來跟他同班的郁達夫回憶，當初他自己是一個悶頭悶腦的學生，而班裏面有兩個同學非常活躍，其中有一個就是大腦殼後面托著一個小髮辮的，最惹人注意。他覺著這個學生簡直是太聰明過人了，平時不大用功，把心思都用在玩各種各樣的花樣上，而考試的時候總能拿第一名。

　　徐志摩那個時候，作文就很出名，他在十三歲的時候，寫了一篇被當時老師認爲是範文的作文《論哥舒翰潼關之敗》。由於他記性非常好，博覽群書，有時基本上能夠達到過目不忘的程度，在十三歲左右的時候，他就得了一個綽號，叫「兩腳書櫥」。到了一九一〇年十三歲上，他由表叔沈鈞儒介紹，考上了全省最富名望的杭州府中學堂，相當於我們今天的省重點中學，與郁達夫同班。他在這個時候非常佩服梁啓超，非常喜歡梁啓超的文章，他模仿梁啓超的《論小說與群治之關係》寫了一篇作文，叫《論小說與社會之關係》，發表在校刊《友聲》上。這個我想可以算徐志摩的處女作吧，主張把小說與社會改良結合起來。從觀點來說，沒有什麼新意，重複著梁啓超的觀點，但在十三四歲的小小年紀，能夠把前輩的思想化爲自己的思想說出來，還是非常難能可貴的。

　　由這篇作文，就引出了徐志摩的第一椿婚姻。徐志摩的髮妻叫張幼儀，她在晚年由侄孫女張邦梅寫了一本她自己的口述回憶錄，書名叫《小腳與西服》。「小腳」是指她自己，「西服」是指徐志摩。「小腳」和「西服」肯定是不搭配的了。我們現在常說不

是一家人不進一家門，「小腳」和「西服」肯定是不配套的。但徐志摩在試「西服」以前，並沒有嫌棄這個「小腳」。我們看一看張幼儀自己的回憶：「根據當時的中國傳統，情況就是如此，我要嫁給家人爲我相中的男人，他叫徐志摩，是四哥幫我發掘的。」四哥就是張家璈，也是後來國民黨時期在中國金融界和政治界非常有名望的一個。張家很出人才啊，二哥，名字叫張君勱，是中國的三、四○年代很著名的政治學家和哲學家。張家孩子非常多，她有四個哥哥，兩個弟弟，有一個姐姐兩個妹妹。張幼儀排行老八。那個時候不講計劃生育。

　　她講到四哥在擔任浙江都督秘書的時候，到杭州府中視察，對其中一個學生的作文印象極爲深刻，就是這篇以《論小說與社會之關係》爲題的文章。這篇文章將梁啓超的文筆模仿得維妙維肖，四哥很吃驚，因爲他翻遍數百份學生模擬梁啓超文章的作品，沒有一篇捕捉到他文字裏那種優雅的文白夾雜風格。「四哥打聽過這位年輕士子的來歷以後，得知他是一個當時有錢好人家的獨生子，因此四哥無需知道更多，當天晚上就寄了封以本名張家璈署名的介紹信，給徐志摩的當家提議徐志摩與我成親。信寄出去沒多久，徐志摩的父親就回了封私下同意這門親事的便條，因爲四哥在當地已經博得聲望，而且恢復了我們張家家境富裕、受人敬重的名聲。徐志摩父親的便條寫得很簡單：『我徐申如有幸與張家璈之妹爲媳』，這就是徐志摩和我訂婚的由來」。

　　這是張幼儀晚年的回憶，就是講當初她和徐志摩的婚姻完全是由父母包辦的。張家是上海近郊寶山一帶有名的望族，後來張君勱做到民社黨的主席，是著名的政治家、哲學家。張家璈也是中國金融界的要人。徐志摩的父親覺得這門婚姻很實用，他巴不

得趕緊結下這門親。他要發展工商業，如果得到了張家的支持，對事業的發展會非常有好處。於是徐申如就把剛剛考上北京大學預科不到三個月的徐志摩，從北京叫回硤石，跟張幼儀成了親。

張幼儀是一個什麼樣的女性呢？我覺著電視劇裏的演員叫什麼劉若英吧，演得有點過於傻了。畢竟張幼儀也是一個大家閨秀，劉若英可能是一個很有名的歌星，我不是說對她有什麼貶意，不應該把張幼儀演成那個樣子。這也可能是導演的功勞。據說有一位叫鄂公的，這個鄂公我到現在還不知道是誰，他有這樣一段話描繪張幼儀：「其人線條甚美，雅愛淡裝，沉默寡言，秀外慧中，故多樂於親近之，然不呼其名，皆以二小姐稱之。」因為她在姊妹當中排行老二，還有一個姐姐和兩個妹妹。她在上學的時候，是一個用今天的話說是品學兼優的學生，也是考試成績經常名列前茅的。那年她十六歲，由哥哥作主嫁給徐志摩，只好犧牲學業，這是張幼儀最早的犧牲。

她為徐志摩犧牲得太多了，十六歲的時候輟學，跟徐志摩成親。再後來呢，也包括她在英國期間，因為徐志摩要追林徽因，知道張幼儀懷孕了，讓她打胎，張幼儀不同意，便離開英國到柏林去讀書。剛剛生下第二個兒子彼德的時候，徐志摩又從英國風風火火地趕往柏林，逼著她跟他離婚，以便還自己清白之身。雖然離過婚算白璧微瑕，但畢竟離婚手續一辦，就可以堂而皇之地去追求林徽因了。那麼從愛情角度來說呢，徐志摩追求林徽因沒有錯，但是他把這種愛的追求以犧牲另外一個女人的幸福為代價，從道德倫理評判上來說，就似乎說不過去了。他們結婚的時候，徐志摩二十歲，張幼儀十六歲。後來徐志摩在倫敦跟林徽因相識的時候，林徽因那時也正好花季十六歲。從這點上說，徐志

摩還挺有福氣的。

　　儘管徐志摩當時心裏對這樁包辦婚姻可能是牴觸的，最終還是和張幼儀結了婚。當時的環境決定了他的新婚還是很幸福的，因爲他沒有碰到後來的林徽因，也沒有接觸到對他的生命哲學、戀愛哲學產生影響的那些英國朋友。新婚燕爾，伉儷情篤，生活過得還是很不錯吧。畢竟是十六歲花季的新娘子呀，溫柔嫻靜，美若天仙，所以這個時候徐志摩並沒有嫌棄張幼儀這個「小腳」， 爲什麼呢？因爲這個時候他自己還不是「西服」，他只是一個剛剛走出了硤石小鎮的熱血青年。他畢竟在北京只讀過幾個月書嘛，他的視野才打開了一些，還沒有像後來打得那那麼開。可見男人的視野不能打得太開，如果開得太大會對女人的婚姻幸福構成威脅。換句話說，就是徐志摩是在沐浴過歐風美雨成爲「西服」，特別是在認識了林徽因之後才開始把張幼儀貶爲「小腳」的。自己是「西服」了，覺著對方是「小腳」，就開始瞧不起她了。這使我覺得有點像那個《霓虹燈下的哨兵》裏邊那個連長，進入大上海之後，被光怪陸離、五光十色的大上海灌暈了，於是開始嫌棄鄉下的媳婦。原來的婚姻很美滿，很幸福，結果被大上海沖暈了頭。我覺著這個就有點像徐志摩和張幼儀，他從鄉下小鎮一旦衝出去，一旦走向了大都市，一旦生命的視野倏忽打開後，他自己的哲學啊，人生觀啊，對婚戀的態度啊，等等，都會隨著發生各種各樣的變化，這也不足爲奇吧。

　　新婚後的張幼儀，無疑也是幸福的。她發現徐志摩很愛她，也很體貼她， 特別是在生了長子阿歡之後， 初爲人父的徐志摩更是百般愛護著妻子，呵護著孩子。我想這是每一個初爲人父的男人情感至眞至純的一面。他後來還寫過一篇非常感人的散文叫

《嬰兒》，就是敘說母親孕育生命的痛苦和偉大，從這篇摯情的散文當中也可以看出來，母親的孕育是非常痛苦的，而同時又是非常偉大的。

徐志摩說他這一生就追求一個單純的信仰，他爲著這個信仰而活。我前面講了，就是他把戀愛當成是他生命的中心和精華。他的這個單純的信仰有三大件：愛、美和自由。他爲了這三大件，在他短短的三十五歲生命裏付出得夠多，背負著累累情債。但這種單純的信仰會隨著時過境遷而無意識地發生變化，這個捉摸不定的變化，我覺著也是林徽因不敢嫁給他的一個重要理由。這個我在後面講到林徽因的時候再說。

第二，就是講風流才女凌叔華。凌叔華是在一九二四年印度獲諾貝爾獎的大詩人泰戈爾訪華的時候與徐志摩相識的。那時凌叔華在燕京大學讀書，是作爲接待泰戈爾訪華的學生代表之一。徐志摩認識凌叔華的時候正好是趕上他的一段感情眞空期，就是在他追求林徽因沒有到手，又還沒有認識陸小曼之前。徐志摩是不能沒有愛的，沒有愛，他就會發狂，正好這個時候他認識了凌叔華，而凌叔華那個時候已經有自己的男朋友了，就是中國現代文學史上赫赫有名的《現代評論》的主筆陳西瀅，是留學英國的紳士，跟徐志摩也是非常好的朋友。他們倆也是悄悄的秘密的，沒有經過父母許可的先認識了好幾年。凌叔華的父親是個大官，家教非常嚴，姨太太成群，大概有七個。凌叔華是第四個太太生的第四個女兒。凌叔華父親官位至清朝末年直隸布政使，相當於北平市長，可見官位很顯赫。他在北京有一處宅子，今天如果大家有興趣可以去，燈市東口附近有一個史家胡同幼兒園，其前身就是凌家的大宅院，裏邊有好幾進。它的前門在頭一條胡同，後

門在史家胡同，他的宅院跨越了兩條胡同。凌叔華後來有一本英文自傳體小說，一九五三年在英國出版，我把它翻譯成中文本《古韻》，這本書是很真實的自傳體小說，描繪了凌叔華這個大家庭非常有意思的生活，有她自己小時候的成長，有她家裏七個姨太太怎麼爭風吃醋，她母親又是怎樣受欺負。

所以，在徐志摩對她表示這種情感的追求的時候，她不敢貿然接受，她在這點上跟林徽因有共同的地方。徐志摩是把凌叔華當做一個知己，他說過這樣的一句話，「女友裏叔華是我的一個同志」。這個同志翻譯成今天的話就可以叫做紅顏知己；凌叔華也說，志摩和她情同手足，有什麼私事都向她坦白。在今天看來這是很正常，一個男孩子和一個女孩子相處久了，什麼私事都能說，但有沒有一些情感的活動在裏面，我想可能還是有的吧。徐志摩就把凌叔華當成了一個真能體會他、容忍他、融化他的朋友。他在失去了林徽因，處在感情最空虛、最傷痛的時候，在凌叔華那裏得到了慰藉和填補。雖然凌叔華當時也是屬於雲英未嫁，但她很巧妙地化開了徐志摩對她的用情。

我剛才講她不選擇徐志摩，我想有和林徽因同樣的理由，最後講林徽因的時候重點講。她出生在大家庭，父親是直隸布政使，姨太太很多，她媽媽受氣。由於她母親受氣的這種緣故，潛意識當中她便覺得自己將來的從嫁，絕對不能夠處在姨太太位置上，也不會嫁給一個二婚的。也許在她或林徽因的眼裏，嫁一個離過婚的跟給人家當小老婆差不多。另外我想還有一個原因，是她深知徐志摩狂戀著林徽因。因為徐志摩跟她坦露全部私情，當然會跟她講自己在英國怎麼追求林徽因，現在林徽因跟梁思成要結婚了，他心裏怎麼樣的痛苦。我想這些都會跟凌叔華講。凌叔

華聽多了以後，她會想，如果自己答應徐志摩的追求，他是不是會拿自己當林徽因的影子在愛呢？所以她嫁給了陳西瀅，一個老實巴交的很有紳士氣的男人。看來在戀愛這點上女孩子是一點也不傻，心裏都有數。

　　凌叔華等於拒絕了徐志摩，那麼倒霉的徐志摩就只好去找新的愛情。這時候還有一個事，就是文壇關於徐志摩、凌叔華、林徽因的「八寶箱公案」，八寶箱是一個盒子。一九二五年三月，因為徐志摩和陸小曼婚外情，那個時候徐志摩感情真空，但陸小曼跟王賡還沒有離婚，而徐志摩愛上了陸小曼，等於說是陸小曼背著丈夫在外面偷情，在北京社會各界，尤其文壇已經鬧得滿城風雨了。徐志摩為避風頭，就去歐洲旅行，他把這個叫做「情感的旅行」。下面第三就引出交際名媛陸小曼。

　　徐志摩是不能沒有愛的。一九二四年春，徐志摩與陸小曼在北京相遇。陸小曼是一個什麼樣的人呢？非常有才華。徐志摩認識的這四位女性，都屬於才女。要論品貌雙全，好像陸小曼還是最差的一位。據後來在五〇年代見過陸小曼的一位長者回憶，他看到陸小曼的時候，已經沒有昔日的風韻，完全是一副大煙鬼的樣子，一口黃板牙。這可能是陸小曼當初抽大煙造成的，而且又有肺病。那麼當時呢，琴棋書畫、英文、唱戲，全活兒，儀態大方，是屬於那種讓男人一看就著迷的那種。我覺著陸小曼和林徽因的令男人著迷是兩種迷，男人對林徽因的那種著迷呢，是一種好像往高了看，很敬仰；那麼陸小曼的那種著迷呢，就是有點男人對交際花的那種迷戀，一看就容易產生非分之想，容易產生「邪念」。而對林徽因呢？我覺著好像是把她看作一尊女神。

　　傳記作家李輝在他的一本傳記中，寫到林徽因的時候，把

她稱爲蒙娜麗莎的微笑。她的「太太的客廳」裏掛著一幅肖像，是蒙娜麗莎。這個客廳的女主人，同這個蒙娜麗莎一樣，也是用她那個迷人永恒的微笑，把文壇的一些作家們召引到自己這兒來。她的迷人魅力表現在哪裏呢？因爲她是一個說得多寫得少的才女，當時三〇年代的文人有的講，如果林徽因把她自己所說的馬上記下來或者有一個書記員，或者有一個錄音機，一整理成文字，就可以發表了。而且大家去她的客廳，包括朱光潛、沈從文、巴金都是在聽她說。大家坐在四周的沙發，在欣賞在聽那麼一個漂亮、有高貴氣質和精神內涵的女性在朗誦詩，在談天說地。這本身就是一種非常美的享受。沒有人願意去打破這種美的享受和美的奇境。

陸小曼是在十八歲那年，聽父母之命，嫁給了比自己大八歲的王賡。婚禮是非常的排場，從這個時候應該就可以看出來，她是一個喜歡排場，喜歡場面，喜歡交際的那麼一個人。王賡的性情與徐志摩截然不同，他好靜，總是整天忙於自己的公務。王賡跟徐志摩也是好友，又同是梁啓超的弟子，他就讓徐志摩陪陸小曼盡情地去玩，跳舞、郊遊、上西山，到處聽戲。我也奇怪徐志摩那些詩歌、散文都是什麼時候寫出來的。他在倫敦追求林徽因的時候，據他那個英國的導師講，我近來很少看到徐志摩來上課，可他看的又不是課本。忙什麼呢？在追林徽因。他在追求陸小曼的時候，也是天天跟她廝守在一起。

下面我來引一段對這個的描述，現在書店裏賣的徐志摩和陸小曼的通信集，好像版本很多，而且不論哪個版本，賣得都非常不錯。徐志摩和陸小曼的情書，我感覺好像是現代文人，不光是現代文人，就是今天的所有人包括在內，就論這個情書的技巧和

情感的熱烈、投入的程度，恐怕沒有人能超過徐志摩和陸小曼。陸小曼說：「我自小就是心高氣傲，想享受別的女人不大容易享受得到的一切，而結果現在反成了一個一切都不如人的人，其實我不羨富貴，也不羨榮華」。這個她說的不實。「我只要一個安樂的家庭，溫馨的伴侶，誰知道連這一點要求都不能得到，只落得終日裏孤單的，有話都沒有人能講，每天只是強自歡笑地在人群裏混，索性現在已有幾個知己朋友知道我，明白我，最知我者當然是摩」。那個時候她就管徐志摩叫摩了。大家如果看他們兩個的情書呢，隨著他們倆關係的不斷深化，那個稱呼也在不停地變。徐志摩就是從志摩、摩、摩摩，到汝摩。「他知道我，他簡直能真正地了解我，我也明白他，我也認識他是一個純潔天真的人，他給我的那一片純潔的愛，使我不能不還給他一個整個的圓滿的永沒有給過別人的愛」。這個時候她是以有夫之婦，在向另外一個男人表達摯熱的感情。所以一開始我就講了，我們對徐志摩這樣的詩人，是不能夠用世俗的道理、倫理來評判的。如果那樣的話，他就是一個大壞蛋，大色鬼。

　　徐志摩在日記裏面這麼寫到：「眉」，他管她叫小眉，陸小曼的日記叫《愛眉小札》。「眉，你真玲瓏，你真活潑，你真像一條小龍」。後來徐志摩有好多給陸小曼的信，就是稱她小龍。「我親愛的小龍，我愛你樸素，不愛你奢華。」徐志摩這一點也是眼瞎了，後來陸小曼實在是稱不上絲毫的樸素啊。「你穿上一件藍布袍，你的眉目間就有一種特異的光彩，我看心裏就覺著不可名狀的歡喜，樸素是真的高貴。……我不能沒有心的平安，眉，只有你能給我心的平安，但是在你完全的，膩甜的，高貴的愛裏，我享受無上的心靈的平安。」那麼徐志摩在這個時候已經

投入很深的愛了，他只有在投入愛的時候，才會詩情勃發，這時候他的詩才是最徐志摩的。當我們看到徐志摩的詩中有憂鬱的調子的時候，徐志摩一定陷入了情感的孤獨，一定是失戀的狀態，愛著的時候，他就能作出非常好的詩，從題目就可看出來，比如《多謝天我的心又一度的跳蕩》，指他的心在林徽因以後第二度跳蕩。

陸小曼的丈夫王賡，因為是個官兒，整天忙於公務，後又被調到哈爾濱去作警察廳的廳長，陸小曼不願去東北，正好留在北京。這倒為她和徐志摩提供了更廣闊的自由空間，去縱橫馳聘。兩人關係也越來越深入，鬧到王家不能接受。後來張幼儀晚年回憶說，王賡聽到陸小曼紅杏出牆，曾經拿著手槍去找徐志摩。這是後來演繹的說法，張幼儀自己也否定了這個說法，說王賡後來又不想殺徐志摩了。我覺得他們都是受過非常好的高等教育，有非常好的學養和修養，不至於演到拳腳相加的地步。於是由大畫家劉海粟出面，在上海的功德林素菜館，請了幾個非常好的朋友，大家坐下來心平氣和地來擺平這件事。王賡是一個不失風度的人，說自己以前忙於公務，很少照顧、呵護陸小曼，非常對她不起，覺著徐志摩是一個用情很真很深很善的人，就把陸小曼托給徐志摩，讓徐志摩好好地陪她，好好地照顧她，好好地呵護她，使她找到最好的情感的歸宿。於是就有了徐志摩的第二次婚禮。

第二次婚禮非常有意思，是在北海公園舉行的，而且細節上呢，很特別。徐志摩的老師是梁啟超，他是正式地磕頭拜梁啟超為師傅的。因為他從小，開頭我們講他從小寫作文就模仿梁啟超的風格，並且由模仿風格特棒的那篇作文引來了第一次的婚姻。

第二次的婚姻，居然是由這位老先生主持，而這位老先生的兒子，這個時候已經跟林徽因訂了終身，這種千絲萬縷的糾葛，非常有意思，也就非常有影視挖掘的潛力。而梁啓超也就板起老師的尊嚴和面孔，在第二次婚禮上，一點不給徐志摩面子，完全是痛罵他和陸小曼。而且，徐家是不接受陸小曼的，徐家自始至終只承認張幼儀是徐家的兒媳婦，陸小曼這個闖入者，對徐家來說是第三者，對王賡家來說，徐志摩是第三者。兩個第三者碰到一起，也是那句話：「不是一家人不進一家門。」兩個第三者成為了第一者。

徐志摩的父親很有錢，但是對徐志摩第二次的婚姻提出了三個條件：第一、結婚費用自理，家中不予負擔。可見家裏對徐志摩這件事還是很倔強的，不予承認，不予資助。二、必須梁啓超親自證婚。這是家裏的條件，因為梁啓超在當時的威望和地位在那擺著，又是徐志摩的老師，而且讓梁啓超出面，還有一個意思就是完全斷絕徐志摩對林徽因的非分之想。三、婚後立即南下，和堂上雙親在硤石同住。徐志摩對這三條是迫不得已啊，就答應了。在婚禮上梁啓超在賀詞當中引經據典，破口大罵。他就說，徐志摩，你這個人性情浮躁，所以在學問方面沒有成就；你這個人用情不專，以致離婚再娶，以後務要痛改前非，重新做人。這哪是新婚賀詞啊！然後又轉過頭來嚴辭斥責陸小曼，你們都是離過婚再結婚的，都是用情不專，以後要痛切悔悟，祝你們這是最後一次的結婚。也只有梁啓超這樣的身份敢於在這樣的婚禮大宴上說這樣的話，來怒斥自己的徒弟。反過來徐志摩也只肯接受梁啓超這樣的怒罵和痛斥。換成另外一個人，我想徐志摩都是不能接受的。

　　按徐志摩父親的第三條，結婚以後兩人就回到硤石去了。當
然回到硤石去以後，遭到冷遇，家裏不承認她，家裏的佣人也不
愛搭理陸小曼。徐志摩和陸小曼是新式婚姻，他們結婚的那幢房
子，是海寧的第一棟洋樓。我前年曾經去過，樓板已經破舊，被
白蟻蝕蛀不堪，樓前面被海寧的一家證券公司所占領，每天摩肩
接踵，人頭攢動，大家都拼命地爭睹那個大螢幕上的股票浮動
牌。我問過兩個人，你知不知道這個樓是誰住過的？都不知道。
就是說，海寧人有好多不知道這裏住過徐志摩，他們現在只關心
股票。我心裏有一種異樣的感覺。據說，徐志摩和陸小曼結婚的
那棟洋樓已經修復了，而且前面的那家證券交易所也已經搬走，
並在前面鋪上了綠草，豎起了一尊徐志摩的雕像，算是對大詩人
的一種敬重吧。

　　另外還有一處呢，是徐志摩的故居，他出生的那個地方，
是有四五進深的一所大宅院，現在裏面住了有大概四五十戶的人
家。那棟院子，最後是一個二層小樓，窗戶下面以前是一條河。
江南水鄉，小河常從自己後窗下流過。徐志摩讀家塾的時候，他
自己的文章中有過描述，小河上經常有船駛過，船家賣菱角。海
寧那個地方管菱角叫老菱，煮老菱就是煮得很熟的菱角。徐志摩
在屋裏，有先生看著他念書，背《四書》、《五經》。只要外面
一傳出煮老菱的吆喚，他就會不管塾師，而拿著一個小籃子，把
錢放裏面，通過後面那個小窗子，把籃子垂下去，船家收了錢，
給他老菱。這是他文章當中描繪過的很情感化的一幕。今天我再
去的時候，那條小河不復存在，早已經被填成了馬路。馬路上商
家非常多，我也覺得好像失去了什麼。我這也是文人的怪病。

　　由於在家裏過的不如意，陸小曼跟徐志摩就只好去上海了。

一去上海，陸小曼如魚得水，覺得上海這個大世界才是為她設計的，才是為她而存在的。她覺得上海是她施展自己才華、人生的大舞台。在那個地方認識了一個唱戲的票友，叫翁瑞武，這個翁瑞武又是徐志摩和陸小曼情感的一個闖入者。徐志摩有好多非常好的朋友，像胡適、梁實秋都勸陸小曼規規矩矩做好人家的媳婦，不要成天地去玩、去唱戲。陸小曼的花銷也非常大，因為她要出入飯店，出入舞會，又租了一套很大的公寓。徐志摩光靠自己那點微薄的稿費是不足以養活她的。徐志摩又不是大戶，只賣文為生。

徐志摩勸陸小曼不動，自己經胡適所勸就回北京教書了。回北京教書後，他每月基本上都把三分之二的薪水匯往上海，供陸小曼的花銷。即便是這樣，還往往入不敷出。

徐志摩每一次去上海，都要苦苦相勸陸小曼，希望她和自己一起回北平，安安穩穩過日子。而陸小曼呢，是不會安於現狀，不肯隨遇而安的，她總是很躁動。認識翁瑞武以後，兩個人覺得，說氣味也許有點不太尊重，姑且叫趣味相投吧。陸小曼有風濕病，經常骨關節疼，而這位翁瑞武，恰恰有一手推功過血的絕活，按摩一把，陸小曼就覺得渾身舒坦。徐志摩真開通，至少我做不到，他完全容忍翁瑞武跟陸小曼天天廝守在一起，一起躺在床榻上吸大煙，然後給她按摩，肌膚相親嘛。別人都看不下去了，跟徐志摩講，怎麼能夠這樣啊，太不像話了，你該管管。反正就是這種話吧。徐志摩怎麼說呢？他有一套自己的哲學，男女的情愛既有分別，丈夫絕對不許禁止妻子交朋友，何況芙蓉軟榻，看似接近，只能談情，不能做愛。所以男女之間最清白的是煙榻，最曖昧最嘈雜的是打牌。所以他反對陸小曼打麻將，卻

不管她吸鴉片。就是說他覺得他們只能在芙蓉軟榻上談情而已，而這種情呢，僅僅是陸小曼在交異性朋友，而不會發展到紅杏出牆。徐志摩的這種大度，真值得我們在場的男性學習啊。

　　對於徐志摩來說，他深信理想的人生必須有愛，必須有自由，必須有美。他深信這種三位一體的人生，是可以追求的，至少是可以用純潔的心血培養出來的。他對陸小曼，我想在婚後他有自己的失意，就是說他沒想到陸小曼是這樣的一個人，沒想到陸小曼會跟他們在熱戀的時候判若兩人。但是由於他追求這種三位一體的愛的人生哲學，所以他想用自己純潔的心血來改變陸小曼，使陸小曼浪女回頭。

　　不過最後來看呢，徐志摩的心血算是白費了。梁實秋在一篇文章當中這麼來說徐志摩：「我們自然佩服志摩先生之真誠與勇氣，但是我們亦不能輕易表示同情於一個人之追求鏡花水月」。梁實秋覺得，徐志摩的戀愛從始至終是去愛一個美的影子，他當初愛林徽因也是這樣的。就是他自己的愛，這種人生哲學，有一個美的幻影在裏面，他不是去愛哪一個具體的女人，他是把那個女人作為一個美麗的幻影，來存在於自己的生命當中，去領悟、追求。一個人要有理想，以為生活之目標，但是對那理想需要善加分析，看是否在現實的世界裏有實現之可能。

　　最後我講第四個，就是冰雪玉立林徽因。徐志摩是個詩人，他的一切情感的表述都是詩的，他在倫敦由朋友安排，見到了著名才女小說家曼殊斐爾。她的短篇小說的寫作技巧和才華，可以說是世界級的。我們中國的現代小說家，有很多人都受了她的影響。徐志摩是第一個將她的小說翻譯成中文的中國作家。

　　徐志摩是一個喜歡交往，會交往，而且會很快地跟你成為很

好的朋友，並且開誠佈公的那樣的友人，所以許多英國朋友都非常喜歡他，包括大他好幾十歲的。

　　他就是由曼殊斐爾的丈夫魏雷安排，和患了晚期肺病的曼殊斐爾見面。她只是抽出了二十分鐘和徐志摩來會談，但是這二十分鐘在徐志摩的生命血液當中，將它視為不死的二十分鐘。這二十分鐘所給他留下的是不可用一句話來說的，從他對曼殊斐爾的讚譽，就可以看出來他對那類女性的一種敬仰，一種崇拜。他是要把曼殊斐爾那樣的才華，那樣美的幻影，來作為自己靈魂的伴侶來追求的。他從曼殊斐爾娟秀清麗的容貌和輕靈飄逸的氣質，領略到一種最純粹的美感，難以用言語傳說。

　　林徽因和凌叔華呢，是有「中國曼殊斐爾」之譽的，就是從她們寫小說的技巧，那種對細節的捕捉，情感的細膩，女性才華的施展，都是跟曼殊斐爾屬於同一個脈搏裏跳蕩。於是他倆都贏得了中國的曼殊斐爾的稱譽，尤其是林徽因。那麼我們來看他怎麼樣來描述這個曼殊斐爾的，「至於她眉目口鼻之清，之秀，之明鏡」，就是大家注意這個措詞，你看他這上就能夠連續用三個排比，「之清，之秀，之明鏡」，「我其實不能傳神於萬一，彷彿你對著自然界的傑作，不論是秋水洗淨的湖水，霞彩紛披的夕照，或是南洋瑩澈的星空，你只覺得她們整體的美，純粹的美，完全的美，不能分析的美」。你看全是這樣的句式。這個就是典型的徐志摩的可感不可說的美。「你彷彿直接無礙地領會了造化最高明的意態，你的最偉大的深刻的刺激中，經驗了無限的歡欣，在更大的人格中，解化了你的性靈，我看了像曼殊斐爾像印度最純澈的璧玉似的神態，所得的總量我只能稱之為一整個的美感，她彷彿是個透明體，你只感訝她」。你看他不說驚訝，他是

感嘆驚訝合在一起用，「你只感訝她，粹極的靈澈性，」他也不說純粹、精緻，他說粹極，純粹的粹，極點的極。「卻看不見一些雜質，曼殊斐爾的聲音之美，又是一個奇蹟，一個個音符從她脆弱的聲帶裏顫動出來，都在我習於庸俗的耳中啓示著一種神奇的意境，彷彿蔚藍的天空中，一顆一顆的明星，先後湧現，像聽音樂似的，雖這明明你一生從不會聽過，但你總覺得好像曾經聞到過似的。也許在夢裏，也許在前生，她的不僅引起你聽覺的美感，而竟似直達你的心靈底裏，撫摸你蘊而不宣的苦痛，溫和你半冷半僵的希望，洗滌出摯愛性靈的俗蕾」。就他的那個詞啊，全不是那個俗套的。「增加你精神快樂的情調，彷彿湊著你靈魂的耳畔私語，你平日所冥想不到的仙界消息」。那麼從徐志摩對曼殊斐爾的這種讚譽，我們就不難看出他對女性追求的那種標準，他的心裏定的是非常之高。

那麼他愛林徽因，他心目中也就是把林徽因作爲中國的曼殊斐爾，作爲心靈中這種美的幻影去追求。她們被稱爲中國的曼殊斐爾，當然是在成名之後。林徽因的兒子梁從誡在回憶母親身世的時候說過這樣一段話，「外祖父曾留學日本，英文也很好，在當時也是一位新派人物」。這是指林長民，林徽因的父親。「但是他與外祖母的婚姻，卻是家庭包辦的一個不幸的結合，外祖母雖然容貌端莊，卻是一個沒有受過教育的，不識字的舊式婦女」……「因爲出自有錢的商人家庭，所以也不善於女紅和持家，因而既得不到丈夫，也得不到婆婆的歡心，婚後八年才生下第一個孩子，一個美麗聰慧的女兒，就是徽因。這個女兒雖然立即受到全家人的眞愛，但外祖母的處境卻並沒因此改善。外祖父不久又娶了一房夫人，外祖母從此就更受冷遇，實際上過著與丈夫分居

的孤單的生活。母親從小生活在這樣的家庭矛盾之中，常常使她感到困惑和悲傷。她愛她的父親，卻恨他對自己母親的無情。她愛自己的母親，卻又恨她不爭氣，她以長子眞摯的感情，愛著幾個異母的弟妹，然而那個半封建家庭中，扭曲了的人際關係，卻在精神上深深地傷害過她。可能是由於這一切，她後來的一生中，很少表現出三從四德式的溫順，卻不斷在追求人格上的獨立和自由」。所以這種家庭的境遇，也成了她沒有接受徐志摩的一個很重要的原因。

　　我覺得徐志摩想離婚，有兩方面的原因，一個是他在英國結交了很多朋友，生活哲學的眼光、視野打開了。他在給家裏人寫信的時候，說他在這裏如魚得水，周圍有那麼多的英國朋友給他帶來了無限的歡樂，而且朋友的哲學，都是那種愛人類，愛自由，提倡自由結婚，也自由離婚。徐志摩最早去美國留學的時候，他本來是學經濟學的，到後來對政治發生興趣之後，他要去英國追隨羅素。他就從美國跑到了英國，而那個時候羅素又不在英國，羅素在中國講學。反正後來他和羅素認識了，羅素的人生哲學和人生經歷對徐志摩的影響就更深刻。徐志摩跟羅素非常相熟的時候，羅素已經離婚，他們的婚姻，和徐志摩與張幼儀非常類似了。羅素當時的妻子叫阿魯絲，他們是自由戀愛，自由結婚的。婚後八年，有一天，羅素出門散步，忽然就覺得自己不愛妻子了，也說不出什麼理由，回來之後就執意要離婚。扯了半天，最後反正婚就離了。羅素的哲學就是「忍受、怯儒，人只能在痛苦中苟活一世」。

　　我想羅素和阿魯絲的離婚，對當時正想跟張幼儀離婚再娶林徽因的徐志摩來說，等於是在已經燃燒的火上又加了一把乾柴。

據張幼儀後來回憶說，早在他們婚後，她還沒有懷孕的時候，徐志摩就曾經對她表示過，他要向傳統宣戰，成為中國第一個離婚的男人。那麼很幸運的是，徐志摩最後實現了自己的這個諾言，成了第一個在報紙上登離婚啟事離婚的中國男人。這可以進入中國之最了。我在這裏想替徐志摩辯護幾句，大家可能會覺得我是沒理攬三分。徐志摩不是在和張幼儀離婚，他是和封建傳統離婚，這就替徐志摩解了一個圍，因為他痛恨傳統，他把張幼儀跟他的婚姻當成是封建傳統對他生命的一種禁錮，一種束縛，所以離婚就是把它昇華。不是徐志摩跟某一個單個的女人離婚，他是要向那個傳統宣戰，宣戰的結果，是一個善良的、美麗的女人的幸福婚姻被犧牲掉了。我這樣說的意思，是怕女權主義者饒不了徐志摩，因為他在這點上太對不住張幼儀了。這是徐志摩要離婚的第一個原因。

第二個呢，就是林徽因，是他心靈裏期待的那個唯一靈魂之伴侶，是他夢影裏的曼殊斐爾。為了得到這份愛，他不惜犧牲掉張幼儀的幸福和愛情。

由於時間關係，先講到這兒。按照慣例下面是自由提問時間，大家可以自由發問。

答：為什麼林徽因會擔心，她如果答應徐志摩可能會不幸福。就是說徐志摩的這個幻影，是因那個特殊的時間段而來，可能因為時過境遷，這個幻影就會發生變化。林徽因她不敢保證自己在這個時間是幻影，過了這段時間她還是幻影。這個幻影可能變成其他人了。由於這種擔憂，所以她不敢答應徐志摩而選了梁思成，我想她的一個很重要的考慮是這方面。徐志摩的幻影是不停地變化的，你比如說最開始他和張幼儀，婚姻也很幸福。那麼

張幼儀的身上就已經體現了他這種愛、自由和美的三位一體的幻影，他跟張幼儀也有一段非常幸福的婚姻生活。

　　後來，他走出硤石，走向世界，到了英國，接觸了那麼多朋友，他才知道自己的視野是很小的，尤其是遇到林徽因之後，他覺著那個幻影應該是林徽因。再到後來，這個幻影，比如說他跟林徽因分手之後，他去追陸小曼。陸小曼幻影的份量可能比林徽因要輕許多，但他需要跟陸小曼的那種情感來填補自己的情感空虛，所以他選擇了陸小曼。我感覺他是在對自己做一個潦草的交待吧。他跟陸小曼結婚，恰恰是在梁思成和林徽因成婚之後不久，就是他覺著他對林徽因已經完全沒有希望了，沒有指望了。怎麼辦？就跟陸小曼湊合著過吧！只是他沒有想到陸小曼完全不是他想像的那個樣子。他說她穿個藍布褂子很樸素，到後來完全是個交際花，抽大煙，又染了很壞的習氣。徐志摩讓她斷煙，她不斷。徐志摩後來也理解，因為她好像有腹痛病，煙殼能夠治痛啊，徐志摩就由著性子任她去了。我覺著某種程度上可以那麼說，這個夢啊，被擊傷，被擊碎。夢和現實畢竟有很大的距離，尤其是戀愛、婚姻。就是說，我們在現實生活當中，選擇愛情很重要，選擇戀愛，選擇愛情，選擇婚姻，本身就是選擇人生啊！我告誡小女生們幾句，對自己標榜是詩人的男性最好避而遠之，因為詩人他生活在他自己的理想空間，他的那個幸福跟你的幸福觀念呢，差得很遠，不在一個層面上。作為一個詩人你可以去敬仰他，你可以去讀他的詩，你可以去喜歡他的詩，但是你們的生活是鍋碗瓢盆，是家長里短，而這些好像很難用什麼特別聖化的詩意來表達，對吧？

　　答：如果說她答應了徐志摩，兩個人結婚了，她不敢保證自

己跟徐志摩的婚姻是幸福的，可能幸福是一瞬間的，就像張幼儀和徐志摩新婚後那段生活一樣。但是那段幸福期之後，徐志摩可能又會去找另外的幻影了，因為現實離他的夢想畢竟是有距離的嘛。你比如說他要照顧小孩，要應酬等等，應酬當中又認識了一個，比如說從品貌才學上可能還在林徽因之上的，因為這個你很難說啊。雖然現在我們說林徽因是第一才女，但是有沒有超級才女呢，已可能在等著徐志摩了。所以從這意義上來說，林徽因是非常聰明、明智的。我覺著，就是剛才那位小姐說徐志摩是活在夢想當中，我們用一個好詞，就是他在夢想當中生活得非常快樂和痛苦，像白岩松的書名《痛並快樂著》。但從另一個角度來說，我覺著就整個徐志摩的婚姻愛情故事所牽扯到的人物，最傻瓜的就是徐志摩自己了。他的那個夢，完全被現實所擊碎。他是個失敗者。

　　答：我覺著愛情、婚姻吧，很難有一個理性的答案。如果要能理性地去解釋戀愛、婚姻的話，那婚姻肯定是一件特枯燥無味的事。我們今天講求真愛，而且真愛好像已經很難尋了。看看周圍的現實世界，離婚率很高，找一個自己所愛，然後又愛自己的人，也已經很難了，現實生活中那樣的例子往往很多。為什麼說徐志摩這個事總被大家熱衷於再談，他們這種互相絞在一起的關係，非常有意思。比如說徐志摩跟林徽因，張幼儀對徐志摩，他們這三個人的關係，是一種愛我的我不愛，我愛的不愛我。我們今天實際上這樣的事情也比比皆是，太多了。經歷過戀愛的人，我自己也是，我也追求過女孩子，我非常愛她，而她在愛另一個，就是這樣的事我們隨時都可能會碰到的。最後我感覺，至少到目前為止啊，我覺得還算幸運的，我跟一個我愛的，也愛我的

人結婚。是不是過些天我會像徐志摩一樣的去尋找夢的影子？那我就不敢保證了。

　　答：這首詩就是，而且不是徐志摩在劍橋寫的，徐志摩管劍橋叫康橋。是在一九二四年，徐志摩從英國回來之後，作第二次的情感旅行，再次到了英國。那麼他在這次的英國之行，寫了一首以康橋命名的詩和一篇以康橋命名的散文。這兩篇都分別是他詩和文裏邊的精彩之作，詩歌就是《再別康橋》，散文就是《我所知道的康橋》，他在這篇散文裏，把康橋跟他的人生情結說得比較透。他說他的視野是康橋給打開的，他的生命是從康橋開始的，他的詩歌靈性也是從康橋而來的。那個時候他在康橋，留下了很多跟林徽因戀愛的影子。他倆那個時候，十六歲花季的林徽因和二十歲的徐志摩，完全是處在懷春少男少女初戀最甜蜜的階段，而且這個階段給徐志摩帶來情感上非常強烈的刺激。他從這個時候開始寫詩，除了情感之外，從他的個人性情氣質上來說，他也最適合當一個詩人。所以當他的一個英國朋友迭更生跟他講，你不要去學什麼政治學、經濟學，從你這個人的性情來說，我覺得你是個詩人。我覺得這點看得就非常準，對徐志摩的分析也非常到家。

　　答：所以我就是反覆地強調一點，我們不要因為徐志摩對張幼儀不公啊，就說他是一個什麼情感上的壞蛋。不是。他是一個詩人，我們要盡量把自己也當成一個詩人，去理解徐志摩的那種情感。他那不是凡人的情感，他率真起來就像一個孩子，他不是惦記著去追一個自己愛的女孩子，而把另一個女孩子的幸福置於不顧。他不是那樣的人。雖然行為的、現實的反映上好像有很大這樣的成分在裏面，但是，反正我希望吧，包括我在內，在座的

朋友都盡量地去理解徐志摩吧。這也可能是因為我自己喜歡他，所以老是替他辯護。當然，從現實生活中來說，我希望所有的女孩子都不要找徐志摩這樣的人當老公，日子會很難過。可以找徐志摩當情人。

答：因為他為愛而生為愛而死，這是他人生的信條嘛，而且是作為一個詩人很重要的一部分，我覺得他就是靠愛來支撐著生命。不管是英國的拜倫、雪萊，還是我們的郭沫若、艾青等等，很大的詩興勃發的成分，都是有愛的刺激和活動在裏面。如果沒有愛，我想肯定這個人成不了詩人。

答：這個就涉及到今天我們的道德評判了。所以我為什麼總強調我們盡量要以一個詩人的情懷來理解、來貼近徐志摩，也就是我為什麼勸女孩子們不要選擇徐志摩當丈夫，就是這樣的人對任何一樁婚姻，對任何一個女性來說都是不安穩的，或者說都是一個危險因素。就現實去考慮，生活中個人的命運選擇是不一樣的，我們允許徐志摩這樣的人存在，同時也應該盡量的使自己的胸懷放寬廣，看到有徐志摩這樣的人的言談舉止，要善意地接受，理解，體諒。當然對徐志摩這樣的人勸解估計是沒用的。

答：徐志摩跟胡適是非常好的朋友，胡適就跟徐志摩談過不止一次，說你這樣下去的話就被陸小曼毀了。徐志摩那個時候完全是在京滬之間返往奔波，疲於奔命，然後他又期待著。我講到了，他想用自己那種單純的信仰，用自己的心血去培養她，或者用今天的話來說，他想改造她的情感世界，想把她改造到接近自己理想的一種程度，來繼續自己的美滿婚姻。還有，當時她也會面臨著壓力，你比如說梁啟超在婚姻上對他的訓誡，就是，我希望這次看到你們是最後一次結婚。這個東西對他，我想也會潛移

默化地有影響。他已經經歷了兩次婚姻，而且惹得滿城風雨，如果他跟陸小曼再離婚，再戀愛，那他就是失去，比如說可能會失去很多朋友的理解。我想他不肯跟陸小曼離婚，有種種複雜的原因在裏面，我們今天很難設身處地地替他想得很周全，因爲我們畢竟不是徐志摩，畢竟沒有生活在他和陸小曼的情感矛盾糾葛當中。可能有些很潛在的因素我們很難考慮到吧！

答：反正作爲詩人，徐志摩是幸運的，由於這四位女性，由於他愛的投入，由於熱戀，他成了現代文學史上的浪漫詩人。我叫他有一種飄逸詩風。他的詩，你像「輕輕的我走了，／正如我輕輕的來，／我輕輕的招手，／不帶走一絲雲彩」。像這樣的詩歌，是徐志摩以外的其他詩人，不管是郭沫若，艾青，卡之琳等等，都寫不出來的。他的那種輕靈、飄逸，跟他這種生活中的率眞，包括對女性的態度，我覺得都是有關係的。如果說他是一個沉穩的、負責任的人，他的詩風就不是這樣的。詩如其人，文如其人，我覺得有一定道理。如果說這個人是一個我們俗話說的三棍子打不出一個屁來的，他怎麼能寫出徐志摩這樣的詩呢？

答：我覺著某種程度上可以這麼說，我也很同意你的意見，我覺著徐志摩的這個幻影呢，確實是以自己爲中心的。他的愛確是從自我中心出發，你看他對張幼儀的態度，對張幼儀這種情感的犧牲，我覺得都可以這樣說。所以爲什麼有的人說徐志摩是一個情感上的自私鬼，我覺著也有這方面的成分在裏面，就是說，他是一種男權的表現，女權主義者是不會饒恕的。那麼他當初那麼做，又是受到二、三〇年代那個歷史時代、文化環境的影響，如果換今天的話，我想徐志摩也不會那麼做。就是說任何事情的發生，都有它產生的歷史時代背景，我們只要不忽視這個，就可

以比較清晰地去認識和把握問題了。

答：這種同情就建立在他自己是個詩人的基礎上，你比如說他每一次離婚，他每一次追求他不失意嗎？他不痛苦嗎？我覺得你設身處地為他考慮考慮，就是說你把你換成徐志摩來想一想，任何一次情感的付出，最後失去，都會留下痛苦的痕跡的。為什麼現在，比如說我們社會中也有一個現象，就是離婚的女性再婚的比例很低。為什麼？我覺得也有這種因素在裏面，首先離婚的男人，如果是因為尋求外遇離婚了，那麼她感覺到自己的這種情感付出，又帶著孩子，付出了很多，男人是那麼自私。她由這一個男人推定所有的男人，比如說斷定所有的男人都自私，那麼她就不敢把自己的第二次婚姻輕易地再付出。觀念稍微開放點的女性呢，可以在自己一個人的時候試著找一個，就是那種男性的藍顏知己，情感的甚至是那種紅杏出牆的，我們現在生活中都有，而且我們現在也已經開明到能夠接受這個了。那麼當年徐志摩還比我們保守在什麼地方呢？就是我沒有找到任何的材料證明徐志摩和陸小曼在扮演第三者角色的時候，有那種越軌的行為。如果換成今天，我想絕對早發生故事了。

答：他這首詩，我印象當中已經是寫得很晚了，就是徐志摩的詩風跟他情感的起落，有直接的關係。你比如他寫跟林徽因狂戀，然後寫康橋的時候，他的那個感情是很輕靈的，飄逸的，影響到他的詩風也是這個。那麼他寫《別擰我，疼》的時候呢，他跟陸小曼感情出現了矛盾，但是他又不願放棄陸小曼，他想用自己的心血去培養她。他們兩個人有那種夫妻之間啊雖然鬧矛盾，但是打情罵俏也是少不了的。他這首詩是他們自己等於是私房的的那種調情吧，就是寫陸小曼怎麼跟他撒嬌耍賴，所以就有那種

酸氣了。這首詩我也不喜歡，別擰我，疼，多酸啊。這是今天瓊瑤小說裏才應該有的。

答：是，因爲他是「新月派」的主將，而且那個時候從英美留學回來的學者很吃香。徐志摩在回國之後，就在清華大學作了第一場演講，是受清華大學文學院的邀請，在大禮堂裏邊用英文講了場演講，題目叫《藝術與人生》，演講時他表明自己是用純粹劍橋學院方式來誦讀自己的論文，他也是標準的倫敦音。但演講是失敗的，等演講完了之後，往下一看，所剩寥寥無幾了。但是令他最感幸運的是第四排上坐著林徽因。

可以看出來，徐志摩跟林徽因的事情，實際上是非常有意思的，你說林徽因愛不愛徐志摩，就是從這樣的小事上你都可以看出來。林徽因她愛徐志摩，理解徐志摩，別人聽不下他的演講，她卻始終是他的支持者，或者是那種至交好友吧。這種好友一定有特別深沉、深厚的情感因素在裏面。徐志摩一看林徽因在，已經快熄滅的愛情的火花就又迸裂出來了。

另外一九二四年泰戈爾訪華，我剛才提到，他和林徽因都來接待這個泰弋爾，那麼他們又有機會在北京相逢，伴著泰弋爾去講學，去參觀。現在還有一張歷史照片，中間是泰戈爾，白髮長鬚，徐志摩和林徽因各立兩旁，刊登在北平的各大報紙上，還被當時的人稱爲是一幅松竹梅三友圖。意思是說泰戈爾是南極壽翁的樣子，林徽因冰清玉潔，再加上一個郊寒島瘦的徐志摩，用的那個詞叫郊寒島瘦，因爲那個時候徐志摩很瘦啊，瘦骨嶙峋的白面書生，完全構成了一幅松竹梅歲寒三友圖。爲了歡迎泰弋爾，又根據泰戈爾的一個戲劇叫《奇得拉》改編上演了一個短劇。在短劇裏徐志摩扮演王子，林徽因的父親林長民扮演愛神，林徽因

扮演一個公主。大多的台詞，都是徐志摩在向林徽因傾訴，正好
是王子向公主傾訴的台詞，恰恰映證出徐志摩當時的心境，所以
他演出非常的到位。因爲你想他是愛林徽因的，他就把面前的這
個扮演公主的這個角色，當成眞實的林徽因，在說著劇裏熱情似
火的台詞；而林徽因當時作爲公主，最後是嫁給了這個王子。那
實際生活不是這樣的，你說徐志摩慘不慘。

　　答：林徽因是非常聰明、明智的，我覺得，就是剛才那位小
姐說徐志摩是活在夢想當中。我們說一個好詞，就是他在夢想當
中生活得非常快樂和痛苦。當時徐志摩在倫敦時，給家裏寫信，
說他自己在倫敦很孤獨寂寞，希望張幼儀能夠來，今天的話就叫
陪讀。張幼儀經過公婆的同意，隻身坐船去英國了。去英國之
後，她就發現事情沒她想像的那麼簡單，因爲那個時候，徐志摩
已經認識林徽因了。我們來看一段張幼儀對當時情形的回憶，她
說是因爲家裏人懷疑事情出了岔子，徐志摩才放棄哥倫比亞大學
的博士學業跑到歐洲，這已經讓每個人吃驚了。徐志摩是那種詩
人的性情，他有他很率眞的一面，當他在美國決定要學政治學，
決定要追隨羅素的時候，他做完碩士論文，博士就不要了，馬上
就去英國了。從他的來信看得出來他的不安和憂鬱，其實他總是
在不安和憂鬱中。他的父母爲他感到憂心，張幼儀只好把兩歲
的兒子阿歡留下，因爲在徐志摩和她都到西方過學生生活的情況
下，是沒法安頓幼兒的。她把孩子留在了家裏。張幼儀說，「打
我到西方的第一刻起，還有看到徐志摩和他朋友在公共汽車裏聊
天的樣子時，我就知道他心裏藏了秘密」。就是這個時候，徐志
摩已經是「西服」了，張幼儀馬上就要是「小腳」。「後來在住
沙士頓的時候，看到他每在一早吃完飯就趕著出門理髮，而且那

麼熱心地告訴我，我也不知道怎麼搞就猜到他那麼早離家，一定
和那女朋友有關係。」這是張幼儀晚年的回憶。她當時是不是清
晰地認識到徐志摩是出去會女朋友了呢？我也不知道。幾年以後
我才從郭君（郭虞裳）那裏得知，「徐志摩之所以每天早上趕忙
出去，的確是要和住在倫敦的女朋友聯絡，就是林徽因了。」「
他們用理髮店對面的雜貨鋪當他的地址，那時倫敦和沙士頓之間
的郵件送得很快，所以徐志摩和他的女朋友至少每天都可以魚雁
往返。」就是說徐志摩和林徽因的這種熱戀啊，也是我們今天熱
戀當中的少男少女所不能比擬的；他們這種對情的投入，之大之
烈也就可見一斑的了。兩個人住得很近，每天依然情書往返。
張幼儀接著說，「所以徐志摩和他女朋友至少每天都魚雁往返，
他們這裏寫的是英文，目的就是預防我碰巧發現那些信件，不過
我從沒發現過就是了」。徐志摩為了怕張幼儀看到他跟林徽因之
間的通信，是用英文寫的。

　　我剛才講凌叔華的時候漏掉了一個「八寶箱」，就是徐志摩
去歐洲作那個情感的旅行之前，他把一個盒子，「八寶箱」，托
付給凌叔華。他覺著凌叔華是他的紅顏知己，是最可以信賴的異
性朋友。這個「八寶箱」裏面就珍藏著徐志摩自己的日記，以及
在英國期間和林徽因之間的情書，等於是很私密的了，他肯交給
凌叔華來保存，可見對凌叔華是非常信賴的。上火車之前還跟凌
叔華調侃，說如果我死在外面，這些資料就夠你寫我的傳記了。
這個就是那個「八寶箱」公案的緣由。所謂公案呢，是這個八寶
箱後來失蹤了，淪落在什麼地方到目前都是一個謎。凌叔華講，
後來是因為林徽因讓胡適出面去討要，林徽因怕自己跟徐志摩的
私情，我想有她怕的成分，怕公諸於世對她的聲譽各方面可能會

造成一些負面上的影響，她就請胡適出面去要。胡適去要，凌叔華後來回憶說她把這個「八寶箱」完璧歸趙，完好無損地給了胡適。後來胡適又著文說凌叔華只把「八寶箱」裏邊的一部分還給了他，自己還留了一部分。現在這一部分是不是還在已經故去的凌叔華在倫敦的家中，就不得而知了，這是一個謎。

我們再來看徐志摩對張幼儀怎麼無情無義：「回想過去在沙士頓的那一年，徐志摩對我冷若冰霜，不理不睬，甚至叫我去打胎的時候，我都尊重他是我丈夫而順著他。」就是說張幼儀完全是很典型的，很順從的那種中國的傳統婦女。「可是他沒有把家裏安頓好，枉顧他對我還有他未出世孩子的責任，就把我丟在沙士頓不管，我再也不認為他是一個好丈夫了。如果他要用這種方式拋棄我的話，我憑什麼應該當個賢妻，去聽從他的要求去打胎？我不願意像徐志摩突如其來把我丟下那樣遺棄我的小孩。我懷胎的最後一個月，是和七弟一起在柏林度過的。一九二二年一月十四日我生下第二個兒子，生產的時候沒人在我身邊，病房裏就我孤零零一個人。」就是說徐志摩在這一點，大概今天的女性會認為他太缺德了。一個母親在生產的時候，誰不希望自己愛著同時也愛她的丈夫守在自己的身邊呢？而徐志摩為了追求一個自己愛的，好聽點的話就是說追求一個愛的幻影，對另外一個女人那麼殘忍，那麼殘酷。更有甚者，在孩子剛剛滿月的時候，徐志摩又風風火火地從倫敦趕到柏林來，來跟張幼儀離婚了。我想對張幼儀來說，這種痛苦是無法接受的。

所以她後來回顧這段的時候，她說她感謝徐志摩。如果不是跟徐志摩離婚了，她說她永遠不會找到自己，也沒有自己事業的發展。張幼儀後來事業有成，在上海開了自己的時裝店，在金融

界也有一定的實力，完全成了一個自立自強的女性。她在沒跟徐志摩離婚之前，完全是中國那種「三從四德」的舊式婦女。

　　徐志摩是非常有意思，為什麼有些人理解徐志摩不是那種花花公子，不是那種色鬼，就是他跟張幼儀的離婚，他不像有些偷情的男人啊偷偷摸摸，他對這件事做得很純，很透明，有什麼我直接跟你說。這個時候他依然像孩子一樣，你說他這個時候置張幼儀生產的痛苦於不顧，來跟她談離婚，跟她提「自由之償還自由」，我給你自由，你給我自由，咱們好說好散，對離婚來說，兩個人都希望這樣，但不希望恨他，記仇，結成仇家。但具體到這個事上來說，徐志摩就太缺德了。所以我們婚姻法保護婦女權益，就是在哺乳期間不許離婚，這沒準跟徐志摩有關係。張幼儀就跟他講，你有父母我也有父母，如果可以的話，讓我先等我父母批准這件事。張幼儀說離婚要經過雙方父母同意，要跟父母打聲招呼。而徐志摩卻急燥地搖搖頭說，「不行不行，你曉得，我沒時間等了，你一定要現在簽字，林徽因。」他提了一個林徽因那麼張幼儀就知道了，就是他這麼急急火火地往回趕，是因為要回頭去追林徽因。我想林徽因可能已經給了他一定的暗示：你說你追求我，但是你現在還是一個沒離婚的人，你只有離了婚，咱們倆才有一個最起碼的平等。得到這種暗示之後，我感覺應該是有這種暗示的，他才會急火火地跑到柏林，跟張幼儀離婚。徐志摩離了婚之後，令他沒想到的事情是，當他興沖沖地奔回倫敦時，已經人去樓空。是林徽因故意在耍弄徐志摩嗎？我想不是，那麼底下，就是剛才談了，徐志摩為什麼離婚有兩方面的原因。

　　下面再談我自己的分析，關於林徽因為什麼不嫁徐志摩，我想也有兩方面的原因。第一，我想就是大概林徽因的父親林長民

與梁啓超家早有約定，將林徽因許配給梁思成，大概有這種口頭協議吧。因為那個時候還講門當戶對，從這個門當戶對上來講，林家是個大家庭，梁家也是個大家庭，這兩個家庭完全是門當戶對的。而徐志摩家呢，是一個商家，是個富商，在過去那個重文輕商的中國傳統環境下，像梁啓超和林長民一家，在地位上是看不起徐申如的。所以就有家庭的這種很重要的因素在裏面。那麼從個人關係、情感上來說，你比如說林長民，就是林徽因的父親，跟徐志摩關係也很好，把他看做忘年交，雖然比他長了二十多歲，但是他們在倫敦相見時候，也一見如故，而且兩個人還非常有意思地玩一種遊戲，他們倆假托是一對情人，互通情書。這個情書今天倒是沒有留下來，留下來的話我們可以看看一老一少兩個大男人到底有多酸。就是說有他跟徐志摩的這種個人關係在裏面，他又怕明著傷了徐志摩的心，只好在徐志摩到柏林跟張幼儀離婚的時候，三十六計走為上策，帶著女兒回國了。徐志摩從柏林回倫敦的時候，人去樓空。徐志摩半年以後回到北京時，林徽因幾乎已經是梁家的媳婦了。

　　第二個原因，我覺著也是最重要的原因，就是在林徽因自身，這是最重要的。就是前邊提到的那一點，她本身是姨太太生的，她不能再嫁一個離過婚的。前些時候我看上海的陸幼青在網路上連載他的《死亡日記》。他在日記裏面對自己的女兒有兩條規勸，其中一就是初戀的不嫁，再婚的不嫁。我覺著當初像林徽因的話，自己心裏邊也應該有這樣的打算：自己這個高貴清秀的女兒之身，還是應該要許配一個白璧無瑕的托付終身。所以對於徐志摩這樣的還是感覺不踏實。特別是他跟張幼儀的這種關係，林徽因心底就會有一種擔憂，就是說，如果她答應了徐志摩，那

麼明天的自己會不會就是今日的張幼儀，這個是她無法把握的。
但是她自己呢深愛著徐志摩，她愛這位才華橫溢的大詩人。愛需
要冷靜，冷靜下來一想，就有了這種分析，等於把自己給嚇回去
了。如果明天的林徽因真的是今天的張幼儀，她已經看到了張幼
儀在丈夫面前那種很慘、很悲的這麼一種命運，那她是無法接受
的。

　　徐志摩的朋友溫源寧，也是當時的一個大學者，在徐志摩去
世之後對徐志摩有一段定評，他說，「他愛的不是這一個女人或
者那一個女人，而只是在一個女人玉貌、聲音裏見出他理想美人
的反映來。也許有女子以為志摩曾經愛過她，實則他僅僅愛著他
自己內在的、理想的、美的幻像。即使是那個理想淡薄的影子，
他也是愛的。他在許多神座之前燒香，並不是不專一，反而是他
對理想美人之專一。」我覺著這很有朋友替徐志摩辯護的成分在
裏面，就是說，你對一個美的幻影追求得這樣專一，是不是可以
以犧牲現實的女性的生命和尊嚴、幸福為代價呢？你比如以張幼
儀來說，他完全把張幼儀的這種女性的權利和幸福、婚姻置於不
顧啊！「好像一個光明的夏天白日裏的陰影的移動，志摩也在女
友中蹤影迷定，可是這些陰影是由一個太陽造成的，所以志摩的
愛也僅僅為了一件東西，他的理想的幻像，對於這他永久是一個
忠實的信徒。不僅在他與女子的關係是這樣，在他的作品裏和男
朋友裏，並且在他短短的生活中，一切似乎是狂妄的舉動裏也都
是這樣。」那麼他就等於是在解析徐志摩的詩文和人，完全是
被這一個美的幻想或者說那個中心精華的戀愛所左右著。

　　答：徐志摩寫詩是因愛林徽因而起，一九二二年春天他在倫
敦跟林徽因熱戀，他在事後自己的回憶當中，就說他感覺自己生

命當中最令人愉快的一段時光，就是一九二二年的那一春，其他所有都在其下吧，或者說無幸福可言。可見，一方面他對林徽因的這種情感之深；另外一方面，在一九二二年的春天，他才真正實現了他的美的幻影和現實的林徽因美的化身的一種結合。而一九二二年春天以外的其他時光，都僅是這個現實的人，給他一種情感的慰藉和滋養，而那種美的幻影和化身呢，他沒有找到。所以我說徐志摩的婚姻，從一開始到最後，他一直是一個失敗者。他企圖去尋找，去抓住，但是最後的結局告訴我們，他失敗了。

由於徐志摩是這樣的一個人，我想林徽因也會有她自己的分析，就是她不能把自己的終身托付給一片失意的浮萍。她感覺徐志摩詩才橫溢啊，大詩人嘛，但是他的這種定性不夠，像浮萍一樣。一個人的幸福怎麼可以就憑空地托付給這樣的一個人呢？所以她最終選擇了學建築的梁思成，那個根基是扎實的。

答：關於徐志摩和林徽因有沒有戀愛，這個也是一個爭論點。當然大部分人都認為他們肯定是戀愛過的，這個有徐志摩和林徽因留下的詩文為證。那麼我想林徽因的親人，她的兒子和女兒都不願意承認林徽因和徐志摩有戀愛，他們自有家屬的特定考慮在裏面。那麼一個很清楚的事實就是說，一個做晚輩的，你是不可能看到你自己的母親當時是不是在談戀愛，那是你出生前的事。我覺著，在徐和林的戀愛上，應該是沒有置疑的。不管是徐志摩，還是林徽因，他們都因這場戀愛留下了非常真、美、感人的詩篇。

在徐志摩去世之後，林徽因沒有馬上寫悼念的文字，我想就是一方面有她的悲傷在心底很深，要沉澱一段時間。另外一方面可能也是為了避嫌吧！在徐志摩去世四年之後，林徽因寫了一首

詩，叫《別丟掉》，我給大家念一念。因為林徽因本身也是詩人，那麼詩人的這種情感的相通，令她把這種情感留掛在自己的心間。不管是徐志摩，還是林徽因，都珍藏這份至純至愛的情誼！「別丟掉，／這一把過往的熱情，／現在流水似的，／輕輕／在幽冷的山泉底，／在黑夜，在松林，／嘆息似的渺茫，／你仍要保存著那眞，／一樣是月明，／一樣是隔山燈火，／滿天的星，／只使人不見，／夢似的掛起，／你問黑夜要回，／那一句話——你仍要相信，／山谷中流著，／有那回音！」林徽因把自己對徐志摩一往情深的愛，通過情詩表達出來，也算是一種紀念吧！

　　她還寫了另一首詩，就是今天的電視連續劇劇名的由來，還有我這個演講題目的由來。這首詩的名字叫《你是人間的四月天》。這首梁思成曾經告訴過他的兒子，說是為兒子的出生而作，那意思就是說，林徽因把兒子比作「人間四月天」。但研究徐志摩的後人，都把這首詩作為是林徽因對徐志摩的一種比喻，把他比喻為「人間的四月天」。四月天是生命之春，一年之季在於春，春天是生命成長，是愛情勃發的季節，我想是有這種成分在裏邊吧。詩是這麼寫的：「我說你是人間的四月天；／笑響點亮了四面風；輕靈／在春的光艷中交舞著變。／你是四月早天裏的雲煙，／黃昏吹著風的軟，星子在／無意中閃，細雨點灑在花前。／那輕，那娉婷，你是，鮮妍／百花的冠冕你戴著，你是／天眞，莊嚴，你是夜夜的月圓，雪化後那片鵝黃；你像；新鮮／初放芽的綠，你是；柔嫩喜悅，／水光浮動著你夢期待中白蓮；／你是一樹一樹的花開，是燕／在樑間呢喃，——你是愛，是暖，／是希望，你是人間的四月天！」

　　就是說，林徽因在徐志摩去世之後的那種思念，跟她對徐志

摩的這種愛是密切相關的，而且是自始至終的。她只是在狂戀之後冷靜下來，仔細分析了自己托付給徐志摩之後的結果可能會是怎麼樣的之後，才決定不選擇徐志摩，選擇梁思成。但她心裏對徐志摩的那一份真情至愛，我覺著也是自始至終沒有改變的。

　　這還有徐志摩自己寫的一首詩，叫《歌》：「我死了的時候，親愛的，／別爲我唱悲傷的歌；／我墳上不必安插薔薇，／也無須濃蔭的柏樹；／讓蓋著我的青青的草，／淋著雨，也沾著露珠；／假如你願意，請記著我，／要是你甘心忘了我，／我再不見地面的青蔭，／覺不到雨露的甜蜜；／再聽不見夜鶯的歌喉，／在黑夜裏傾吐悲啼；／在悠久的昏幕中迷惘，／陽光不升起，也不消翳；／我也許，也許我記著你，／我也許，我也許忘記。」我們可以看到，徐志摩的這種擔憂是多餘的，林徽因一直記掛著他，這份情她一直深埋在心底，沒有丟掉。

解讀幾篇朱自清散文

　　《匆匆》這篇傷時感懷的散文短篇，感歎時光「匆匆」流逝，生命歲月如梭似箭，如煙似霧，一去不返。作者把自己過去二十四年共八千多個日子生命「時間的流」，比作滴在大海裏的一滴水，在浩瀚裏襯出生命個體的渺小。但不能因爲生命是稍縱即逝的短暫，而要「白白走這一遭啊」。現實的失意，不能成爲讓光陰「匆匆」滑過的理由。相反，正因爲日子「匆匆」如飛，才更要珍惜寸陰，追求進取的人生和生命價值，哪怕留下的是「像遊絲樣的痕跡」。這該是本篇散文的題旨，內涵著「少壯不努力，老大徒傷悲」，「一寸光陰一寸金，寸金難買寸光陰」的意蘊。全文只有六百餘字，沒有一個長句子，卻運用了排比、象徵、擬人、設問等多種修辭手法，寫得平實而悠揚，意境淡遠，但也顯出了作者早期作品的幼稚。

　　《槳聲燈影裏的秦淮河》幾乎可說是一副工筆寫意的畫卷，無論是開頭寫秦淮河「雅麗過於他處」的船，「碧陰陰的」、「厚而不膩」的水，大中橋外清清水影裏「薄薄的」秦淮河的夜，還是秦淮繁華極盡處的歌妓，雖寫來似有雕飾之感，卻都寫得那麼細膩、精微，富有情致，頗似一副法國印象派的繪畫。文章在船至歌舫拒絕點歌妓唱戲處，起了轉折，並由此引出道德自律與關愛同情之間錯綜複雜的矛盾在心裏的爭鬥。作者似乎覺得，俞平

伯轉引周啓明（作人）的話「因爲我有妻子，所以我愛一切的女人；因爲我有子女，所以我愛一切的孩子。」比自己「道德律的西洋鏡」要性情率眞的多。及至最後一段，一隻板船箭一般駛過去，船頭妓女的清歌，恰是夜色正濃處殘存的「繁華的餘味」，令一葉無伴的孤舟，載滿了懊悔早歸的悵惘。因爲漿聲燈影裏的秦淮河畢竟可以暫時討醉，上了岸，回到現實，心裏就「充滿了幻滅的情思」。

作者將他描繪的社會人生形態和由此而產生的寂寥情緒，寓於旖旎迷人的秦淮自然夜景之中，在夜、月、光、影和妓女圓潤的歌聲纏綿輝映裏，交織出藝術想像中秦淮脂粉「奇異的吸引力」與「道德律的壓迫」之間的一種對立。

這篇散文是作者早期的代表作，辭藻華美，風格卻不失素樸，難怪楊振聲說他的散文「風華從樸素出來」，「腴厚從平淡出來」。

《綠》這篇膾炙人口的美文，著意營造一個作者何以要「驚詫於」梅雨潭這個普通的瀑布潭「綠」得令人心醉的意境。作者在一連串的排比句式裏，反反覆覆地用比喻把這潭可愛的綠水，從外形到肌理，寫其動如「初戀的處女的心」，靜如美麗鮮嫩、天生麗質的動人肌膚，又「宛如一塊溫潤的碧玉」那般可觸可感。作者感到沒有地方的「綠」比梅雨潭水更嫵媚動人了，他最後情不自禁地說：「我送你一個名字，我從此叫你『女兒綠』，好麼？」因爲梅雨潭綠得聖潔，才配得起「女兒綠」這個稱謂。同時，也一下子啓動起梅雨潭生命的神韻和律動。初學寫作者，練習寫景，以這篇美文爲臨摹的範本是再合適不過了。

朱自清的散文風格在審美取向上趨於兩極化，一極是雍容典

雅、華美綺麗，如《槳聲燈影裏的秦淮河》、《荷塘月色》、《綠》等，以濃郁的景語爭勝；另一極則是質樸憨實、古樸淡拙，如《背影》、《給亡婦》，以及《春暉的一月》等，憑誠懇的情語稱奇。

　　《背影》是作者的標誌性作品，與《荷塘月色》一起，被公認爲是中國現代散文的經典名篇。

　　關於寫作本篇的背景，作者自己說：「我寫《背影》就因爲文中所引的父親的來信裏那句話。（按：即指文末所提『我身體平安，惟膀子疼痛厲害，舉箸提筆，諸多不便，大約大去之期不遠矣。』）當時讀了父親的信，眞的淚如泉湧。我父親待我的許多好處，特別是《背影》裏所敘的那一回，想起來跟在眼前一般無二。我這篇文只寫實，似乎說不到意境上去。」

　　《背影》的意境全在素樸、直白、散淡、眞摯，它不經意，不虛浮，不雕飾，不渲染。開篇即點題：「我與父親不相見已二年餘了，我最不能忘記的是他的背影」。作者沒有描摹一筆父親的正面形象，而緊扣「背影」。作者自己爲父親的「背影」感動落淚，也令讀者不禁掩卷唏噓。讀後的感覺恰如葉聖陶所說：「至於父親的面貌，全篇中一個字沒有提，似乎連表情也沒有怎麼描寫，咱們讀了並不感覺缺少什麼。」

　　說到「背影」，全篇也只有四處提及，兩處是虛筆，寫記憶裏的「靜影」，兩處是實筆，寫現實中的「動影」。「虛」從「實」中來，「動」在「靜」中留。兩虛在文的開頭和結尾，遙相呼應。虛、實、動、靜對照成趣，相諧相襯，具有獨特的審美感覺。

　　散文中描繪的情景非常簡單，完全是平鋪直敘地回憶「那年

冬天，祖母死了」，作者從北京到徐州，和父親一起回揚州「奔喪」。父親「借錢」辦完喪事，又要去南京謀事。「我也要回到北京念書」，父子倆在「浦口」車站分別。這時，父親的「背影」出現了。動情在於作者在實寫背影之前，先做了鋪墊。

父子情無疑是人間至情，但這種情在每日相對時往往被消解，正像文中寫到的，這種消解常來源於「子」的「太聰明」。及至你看到或日後再回憶起「那肥胖的，青布棉袍，黑布馬褂的背影」時，你便會「在晶瑩的淚光中」感到，世界上最偉大的父愛竟體現在父親那麼樸素的「背影」上。

讀罷文章最後一句「我不知何時再能與他相見」，讀者已與作者一樣，感同身受一下父親對你的愛，不會無語凝噎嗎？

朱自清曾在《山野掇拾》一文中說：作家應「於人們忽略的地方，加倍地描寫，使你於平常身歷之境，也含有驚異之感」。他就在「這幾天心裏頗不寧靜」的心緒下，於「日日走過的荷塘」，獲得了「荷塘月色」激發出來的「驚異之感」。也使一代又一代的讀者，在每每閱讀這篇廣為傳誦的美文時，便不禁沉醉在充滿詩情畫意的「無邊的荷香月色」裏。

這篇文章的寫法像極了古代文人畫的皴法，文章開頭，作者便由一時心境的不寧靜而「忽然想起」滿月下的荷塘，「總該另有一番樣子吧」，來鋪下第一筆淡墨。緊接著又皴出荷塘四周的輪廓，以及一個人靜思獨處的妙處。「白天裏一定要做的事，一定要說的話，現在都可不理」。接下來，便層層寫意，烘托渲染出荷葉、荷花的形（像「亭亭的舞女的裙」、「一粒粒的明珠」、「碧天裏的星星」、「剛出浴的美人」）、色（「層層的葉子中間，零星地點綴著些白花」）、味（「微風過處，送來縷縷清香」）。然後，

又在這綽約的「風致」裏，塗抹上「如流水一般」的月色，終於使月色下的荷塘在光與影和諧的旋律裏，奏出了「梵婀玲上」的名曲。

可到此時，畫的意境並未全出。因為畫的基調是透過畫者的心境來表現的，他的心裏不寧靜，「荷塘的四周」也就有了樹的陰陰暗影，顯出幾分憂鬱。但作者馬上讓「樹上的蟬聲與水裏的蛙聲」，打破了這寂靜。

烘托出畫的意境以後，作者筆鋒一轉，一下子勾扯出鄉愁的歷史記憶，想那江南故鄉六朝時盛極一時的「採蓮」，該是怎樣「一個熱鬧的季節」，「一個風流的季節」。作者總是這樣極其自然地融情入景。景由情而入，情又由景復出。

文章結尾也頗有深意，作者默默吟詠著梁元帝的《採蓮賦》和《西洲曲》，心裏「惦著江南」，卻不覺已到門前。「輕輕地推門進去，什麼聲息也沒有，妻已熟睡好久了」。弦外之音彷彿是說，由「荷塘月色」下返回現實，一切便又都不寧靜起來。換言之，「荷塘月色」也只是寄託著對失意現實的暫時忘卻。

朱自清在《詩與感覺》文中認為，「花和光固然有詩，花和光以外還有詩」，「山水田園固然有詩，……僅一些顏色，一些聲音，一些味覺，一些觸覺，也都可以有詩」。詩要是有感覺，便不能是靜止的，而應是鮮活的，是動的。他曾在《歐遊雜記》中說：「若能將靜態的變為動的，那當然更樂意。」「荷塘月色」下一切的光、影、色，都是在動靜、虛實、濃淡、疏密的相生相襯中，多層次立體展現出來的。一股濃郁詩的氛圍自始至終瀰漫在字裏行間，帶給讀者視聽的審美享受。

在敘述語言上，作者追求「新而不失自然」的描寫技巧。為

烘托審美客體的形象感，他尤其愛使用疊詞疊字，這在《荷塘月色》裏簡直不勝枚舉，像「田田」、「層層」、「曲曲折折」、「蓊蓊鬱鬱」、「遠遠近近」、「高高低低」等等。他更善於在藝術的聯想裏運用新奇的比喻與擬人的連動比擬，像把出水的荷葉比為「亭亭的舞女的裙」；把打著朵兒的荷苞連著比為「明珠」、「星星」和「剛出浴的美人」；甚至把縷縷的荷香比為「彷彿遠處高樓上渺茫的歌聲似的」，這無疑拓展了文學的想像視聽。

《女人》的開篇很別致，大概是作者覺得上來就切入主題直接談論女人，會顯得突兀，也不知一下子從何說起。他由介紹白水，一個「老實」而「有趣」，「能在談天的時候，滔滔不絕地發出長篇大論」的朋友作「小引」，委婉、自然地開啓話題。

全篇初始給讀者的感覺似乎是白水又在「滔滔不絕」地發表關於女人的高論，但隨著那儒雅而蘊滿情趣的文字逐層剝展，讀者便會在不經意間發覺這個直率真誠的「老實」人，原就是作者自己。從這裏也可見出作者領悟散文寫作意趣妙態之深。

小引轉入正題以後，就不再游離，而是直接表述「我所追尋」、「我所發現」的女人是什麼樣的，那就是作為一種「奇蹟」存在的「藝術的女人」：「第一是有她的溫柔的空氣；使人如聽著簫管的悠揚，如嗅著玫瑰花的芬芳，如躺著在天鵝絨的厚毯上。她是如水的蜜，如煙的輕，籠罩著我們。」

作者以詩意的筆觸，細膩勾描出女人的藝術美質所具有的獨特靈性，如他這樣描繪女人的眼睛：「我最不能忘記的，是她那雙鴿子般的眼睛，伶俐到像要立刻和人說話。在惺忪微倦的時候，尤其可喜，因為正像一對睡了的褐色小鴿子。」

「鑑賞」女人的妙處，在於「切不可使她知道」，因為藝術的「鑑賞」是秘密的。但藝術的女人，「我所說的只是處女」。在作者的視野裏，處女即聖女。這倒符合曹雪芹的女兒觀，世上只有「女兒」，也就是處女，是「清爽可人」的，是可以作為「藝術」來「鑑賞」的。「少婦，中年婦人，那些老太太們，為她們的年歲所侵蝕，已上了凋零與枯萎的路途，在這一件上，已是落伍者了。」

作者最後又透露出一層意思，除了「秘密」鑑賞單獨的女人，「女人的聚會」，「有時也有一種溫柔的空氣。」但在這「籠統的空氣」裏「禮拜」女人，只能是「遠觀而鑑賞」的。實際上，在作者眼裏，「藝術的女人」的「奇蹟」只發生在「藝術的處女」的身上。

從藝術鑑賞的角度表露對女人的一種膜拜，是把女人視為男權玩偶的中國傳統文化所缺乏的。作者在這篇散文裏如此「鑑賞」「藝術的女人」，也算是以美文的方式向傳統觀念挑戰了。

《我所見的葉聖陶先生》是一篇極其素樸平實的寫人敘事之作，而它卻完全應了王國維《人間詞話》裏的一段話：「大家之作，其言情也必沁人心脾，其寫景也必豁人耳目。其辭脫口而出，無矯揉裝束之態，以其所見者真，所知者深也。」

「我所見的葉聖陶先生」「是怎樣一個人？」「他的年紀並不老，只那樸實的服色和沈默的風度與我們平日所想像的蘇州少年文人葉聖陶不甚符合罷了。」他雖「始終是個寡言的人」，「卻並不喜歡孤獨，他似乎總是那麼有味地聽著」。甚至，「孤獨在他簡直是有些可怕的」。「他又是個極和易的人，輕易看不見他的怒色」。

「他的和易出於天性，並非閱歷世故，矯揉造作而成。他對於世間妥協的精神是極厭恨的。」在大的是非面前，他是決不吝惜動怒色的。所以，他居然贊成了「我」關於學潮的「一個笨而無聊」的「強硬」辦法。

「聖陶不是個浪漫的人」，「但他能瞭解別人，能諒解別人，他自己也能『作達』」，這就讓人感到格外可親。除此，作者還用不少筆墨，寫到葉聖陶的天真，他竟像小孩子一樣，是個「離不開家的人」。他處世淡泊，「我」弄丟了他的稿子，他只是「略露惋惜的顏色」，「由他去末哉！」郵寄文稿，「照例用平信寄」。但對待寫作，卻是那麼的勤奮，不苟一絲。

這就是作者白描的葉聖陶的風貌了，但就這樣一個人，在大環境的改變下，三年時光，他的心境也隨之發生了變化：「近來不大能喝酒了，卻學會了吹笛」，「本來喜歡看看電影，現在又喜歡聽聽昆曲了」。他不會抽什麼「上等的紙煙」，也不曾住過什麼「小小別墅」。作者彷彿是借寫葉聖陶的心態方式在說明，文人身處濁世，有苦悶，有徬徨，卻不能喪失掉自我的精神操守，要像屈原那樣，「蘇世獨立，橫而不流」。這當然是本文的潛臺詞。

《給亡婦》是篇真摯感人的悼念亡妻武鍾謙的書信體散文，它追述了亡妻無私的母愛和夫妻至情，在刻骨銘心的記憶裏，也深埋下一份歉疚和悔恨。他與妻子在結婚的十二年裏，相濡以沫，感情篤深，共生育了六個子女。他曾在一首悼亡詩裏寫下這樣的詩句：「相從十餘載，耿耿一心存」。

亡妻無疑是活到現代還依然保有中國傳統賢妻良母甚至「三從四德」意味的典範，孩子和丈夫就平分了她的世界，以至「我」

「從來想不到做母親的要像你這樣」，七八年的時間，連續「餵乳」了四個孩子。「你的短短的十二年結婚生活，有十一年耗費在孩子們身上；而你一點不厭倦，有多少力量用多少，一直到自己毀滅為止。」對孩子，「只拼命的愛去」，對丈夫，「別說怨我，就是怨命也沒有過。」

中國的傳統婦女就是為丈夫和孩子活著，單單不為自己活。有多少像亡婦一樣「自小嬌生慣養」的女子，一旦做起主婦，照例是「什麼都得幹一兩手」，做飯，洗衣服，還要不停地「坐月子」。遇到兵荒或逃難，往往「不但帶了母親和孩子們，還帶了我一箱箱的書；你知道我是最愛書的。」「操的心比人家一輩子還多」，身心俱疲，不堪重累，病疾而終時，換來男人一句「我如何對得起你！」像這樣至情至性至愛的好男人，在中國也屬鳳毛麟角了。

我們常說的夫妻之間的心心相印，其實在男權社會下，還是帶有極強的單項性。比如文中說，「不過我也只信得過你一個人，有些話我只和你一個人說，因為世界上只有你一個人真關心我，真同情我。你不但為我吃苦，更為我分苦；我之有我現在的精神，大半是你給我培養著的。」試想，從古至今，男人對女人照著這段話反過來做的能有幾人？！除了肉體，男人能把信任給女人，似乎就是對女人價值的最大認可了。而女人給予男人的，除了她們的青春、肉體以外，更是她們整個的同情、精神和生命。

與其說作者是在檢討自己，毋寧說他是在解剖整個具有封建男權思想的中國男人，這使得本文在某種程度上具有了男人「悔過書」的性質。其實，把文中的「我」換成中國男人，就足以讀出傳統中國婦女的大悲哀：「我脾氣不大好，遷怒的事有的是。

那些時候，你往往抽噎著流眼淚，從不回嘴，也不號啕。」這是多麼恪守婦道的女人啊！

作者的解剖不可謂不精微，仔細分析，從中亦可看出男人和女人生理和心理上的差異：男人「最不耐煩生病，生了病就呻吟不絕，鬧那侍侯病的人。」「你常生病，卻總不開口，掙扎著起來；一來怕攪我，二來怕沒人做你那份兒事。」女人往往對男人和孩子奉獻的是純潔無私和至死不渝的愛，男人卻為女人的活得獨獨沒有自己、溫存賢慧、苦而無怨，感到心安理得。對比來看，女人是那麼的博大、無私、任勞任怨，生命力頑強；男人卻常常自私、狹隘、自怨自艾，生命感脆弱。

最後一句「你！謙，好好兒放心安睡吧，你。」真該成為對所有做母親和妻子的女人的祈禱，祝福她們在睡夢裏不再操心丈夫和孩子，在生活中真的活出自己來。面對女人，中國男人不知是否都有像朱先生一般懺悔的心？

傳統中國人的鄉土情結很重，習慣將原籍稱為故鄉老家，不管他是否在那裏出生，也不管他的精神血脈是否和它有聯繫。就像作者，「浙江紹興是我的祖籍或原籍，我從進小學就填的這個籍貫；直到現在，在學校裏服務快三十年了，還是報的這個籍貫。不過紹興我只去過兩回，每回只住了一天；而我家裏除先母外，沒一個人會說紹興話。」他能算是紹興人嗎？這個疑問，讀者自己就會解答。

作者六歲那年，全家搬到揚州。讀初等小學、高等小學、中學，到十八歲考入北京大學預科，並於同年冬天完婚，「從此就不常在揚州了」。但他病故的祖父母都葬在了揚州，揚州有了祖塋，後來相繼病故的父母、妻、女，也都葬在祖塋裏。可這只是

使揚州成爲故鄉的外在理由。

　　《我是揚州人》這篇散文揮灑自如，不滯不澀，似與摯友推誠相與，易見衷曲，親切、質樸。透過他平淡自然、不事雕琢的行文風格，連作者本人忠厚裏的那股執拗脾性都毫無遮掩地顯露出來：起先，要做「世界人」的想法，使他嫌棄國籍的「狹小」，「不用說省籍和縣籍了」，覺得大學裏的同鄉會也最沒有意思。其次，「我討厭揚州人的小氣和虛氣」。後來他認識到，這樣的「地方氣」，「絕不止是揚州人如此。」

　　作者的執拗表現在，正是揚州人的自卑心理反而使他要做一個揚州人，「對於揚州的確漸漸親熱起來了」。他不爲揚州人護短，分析起揚州人的自卑心理，毋寧是像魯迅在剖析阿Q身上體現出的國民劣根性：當時上海的海派文化可以說是強勢文化，於是便有剛學會幾句「不三不四」的上海話的揚州人，不願再做受欺負和被人瞧不起的「江北佬」，而到處去冒充上海人。可揚州人在本地又是驕傲的，他們稱徐州以北的人爲「侉子」，笑鎮江人說話土氣，南京人說話大舌頭。這已經是貨眞價實的「阿Q」們了。這裏看似即興的議論，卻閃爍出筆鋒的異常犀利。

　　作者坦然把自己稱爲「江北佬」，他認爲「上海人太狡猾了」，才不稀罕去做個上海人。當然，把揚州作爲故鄉最最重要的理由是，這裏是他度過童年的地方。「年紀大起來了，世界人到底做不成，我要一個故鄉」。他並沒有否認自己有濃郁的鄉土情結，但這份對鄉土的無限眷戀，不是來自沒有精神牽掛的紹興，而是來自揚州的童年記憶。那「最單純最眞切，影響最深最久；種種悲歡離合，回想起來最有意思。」「提起來一點一滴都是親熱的。」因爲「兒時的一切都是有味的。這樣看，在那兒度

過童年，就算那兒是故鄉。」何況他的家又是「生於斯，死於斯，歌哭於斯」。所以，不論揚州「好也罷，歹也罷」，他都驕傲地稱自己是揚州人。

　　作者晚年的文章，也許跟時代和政治環境以及年齡的變故有關，抒情、敘事的明顯少了，議論的多了。光以「論」開頭的文章，就在一打以上，且寫來頗有見識與風骨。

　　若《論氣節》這樣的文章出自一個沒有氣節操守的人之手，文章先失了「氣」不說，「節」也一定是守不住的了。舊式文人，是文如其人，也人如其文的。作者亦不例外。他的「論氣節」當然也是有感而發。他注重知識份子，即「士」的獨立人格。開篇就講，氣節主要的是「所謂讀書人或士人的立身處世之道。」繼而他引《左傳》的話，解釋「氣」和「節」原有著怎樣「各自獨立的意念」。然後以東漢末年的「黨禍」為例來說明，「在專制時代的種種社會條件之下，集體的行動是不容易表現的，於是士人的立身處世就偏向了『節』這個標準。」

　　「節」又有「忠節」和「高節」，但「都是個人的消極的表現」，「忠節至多造就一些失敗的英雄，高節更只能造就一些明哲保身的自了漢。」所以，「氣」是動的，是「浩然正氣」和「正義感」的精神濃縮，是現實的行動的蘊蓄。而「節」是靜的，是知識份子道德操守的底線，若脫離了「氣」，「節」就成了死的，「於是乎自命清高的人結果變了節」。

　　五四是個分水嶺。共和以來，「理論上人民是主人，事實上是軍閥爭權」。這個時候，開始以區別於傳統「士人」即「讀書人」，獨立登上歷史舞臺的現代知識份子，在「氣重於節」地「打倒種種傳統」，發揮「敢作敢為一股氣」之後，又變得「節重於

氣」，「只能保守著自己」了。這裏已經表露出作者深沉的思考和冷靜的分析，那就是知識份子不要再做游離於現實之外的「清高之士」、「隱逸之士」，而要做不光有「節」，更要有「氣」的鬥士，眞正形成一支獨立而強大的社會力量。

蕭乾：一個自由主義者的終結

一、「理想國」的遙遠夢影

　　蕭乾雖出生於宣統元年，但從懂事起就一直是共和國的公民了。以他最起碼的政治常識，帝制與共和的區別首先在於，前者是一個人或其王朝說了算，而共和則是每個公民都應有發言權。

　　然而從二〇年代軍閥混戰到三〇年代國民黨統治時期，不是張作霖、吳佩孚說了算，就是蔣介石說了算。遇有不同的聲音，輕則失蹤判刑，重則「飲彈龍華」。邵飄萍因言論而遭軍閥槍殺，蕭乾自己也在小小年紀因參加共青團而被關進張作霖的偵緝隊，要不是被他就讀的教會學校的洋校長保釋出去，也難保不丟命，因那是個可以不審就隨便槍斃人的地方。所以他說，一九三九年他不是從一個共和國，而是從一個實質上是帝制的國家前往英國的。看到人家的領導靠選票上台，不稱職的可以罷免或下次不選，看到即便在戰時，那裏的人民也言者無罪，對不適當、不合時宜甚至不順眼的事，即便對首相指名道姓地痛斥，也不至關監獄，更不會失蹤，自然好生羨慕。

　　叫他更難以理解的是，不但民間可以暢談國事，甚至正當英國獨自在對德、意作著民族存亡殊死戰的時刻，倫敦居然還在公開發行著兩家反戰的報紙：一份是從宗教上反戰的《和平新聞》，另一份是擁護納粹盟友──蘇聯的英共機關報《工人日報》。邱吉

爾首相還迫於輿論的壓力，曾向一個因在言論上與政府唱了反調而受處罰的老人賠禮道歉。換個地方，這兩份報紙即便政府不禁，民衆也會把它搗毀。

　　蕭乾看到二戰首先比的是人心向背，其次才是武器優劣。在他心目中，言與行是很難分的。大敵當前，除了奮起抗敵的主流之外，竟然還有唱反調的，國家處在生死關頭，卻出版反戰報紙，鼓吹和平，還不構成叛國行爲？然而不，那自然會爲正義之聲所壓倒。德軍飛機來襲，如有人朝天空打一下手電，即便出於疏忽，也輕饒不了，會處以重刑。而出版反戰報紙，仍屬言論，只能容忍。

　　由四〇年代蕭乾從英國發回的通訊特寫看，對民主、法制的肯定和對言論自由的提倡是貫穿始終的主題，其中尤以《輿論·廣播·宣傳》和《瑞士之行》爲最。

　　瑞士在當時可說是歐洲最穩定而團結的國家，然而它卻是由三四個不同民族，且各有不同的語言和文化的民族所組成。蕭乾甚至覺得，同文同種也並非一個國家團結統一的首要條件。他感到是瑞士堅固的民族制度，把不同民族的人擰成一團。大家都是平等的公民，誰也不是發號施令的主子，誰也不是奴才。社會上，政壇上，可以聽到各種不同的聲音，經過激烈的辯論，最終達到一致。《瑞士之行》便集中流露出他對這種民主自由氣氛的羨慕。但很快，他就認識到，他對瑞士的民主吹捧過了頭。

　　《輿論·廣播·宣傳》則更以許多實例來說明，越是國難當頭，越要講求民主。越是同集權的納粹作殊死戰，自家的民主傳統越不可丟。否則，這戰爭就沒有了意義。這表明，越講求民主，人民就會越擁護政府，因而國力就會更強大。

　　但作爲一個東方人，蕭乾直到晚年仍不認爲我們應把民主自由的尺度放那麼寬。我們像四〇年代的反納粹戰爭一樣，許多地方仍在同貧窮、愚昧、野蠻和落後作著殊死戰。絕對自由是太奢侈了，但在共同目標下，不同的聲音還應是被允許的。爲統一口徑而堵塞言路，得不償失。

　　不難看出，晚年蕭乾作爲一個自由主義者已經打了折扣，而他在一九四六年到一九四八年那段，確是個徹底的自由主義者。從他這兩年間寫成的以《紅毛長談》爲代表的雜文和爲《大公報》所寫的上百篇社評能證明，他當時眞的是把自由主義又當成一種理想，一種抱負，一種根本的人生態度。

二、反諷：一把幽默的手術刀

　　《紅毛長談》是蕭乾作品中一部極富特色的政論諷刺雜文集，經歷了歐戰風雲的蕭乾從英國一回國，就陷入一種極度矛盾與痛苦的精神狀態中。到上海以後，他便想以洋人文白相雜、似通非通的文字寫個專欄。這樣，既可以隱瞞身份，本身又帶上些滑稽色彩。他當時正處在迷茫時期，旅英七載回來看到上海特務橫行，深惡痛絕。他和第二任妻子謝格溫的家就在深夜無端遭到過特務的騷擾。另外，他當時一心只反內戰，根本沒什麼階級觀點，僅求不打仗，國人平安過日子。再者，回到闊別已久的上海，看到太多不順心的事，因此就在文字中以烏托邦的形式構造起自己的理想國，實際是夢想一種資產階級的民主國家。

　　《法治與人治》是《紅毛長談》的開卷首篇，寫於一九四六年秋。文中暗示國民黨以防亂爲名，向共產黨進攻，挑起內戰，而在宣傳上卻力避使用內戰字眼，以逃避罪責。他譴責國民黨，

欲加之罪，何患無詞，為維護自己統治，消滅異己當然是最好的途徑。控制了新聞媒體，欺世瞞人也就來得容易。「中國人向來擇詞謹慎，蓋任何歐西國家，大亂之後，如他國平靜無事，埋首建設，而己國乒乒不息，必坦然承認起了哄，此醜貌，雖紐約五街之美容專家亦難裝飾者也，該國精力亦必傾於消解內哄。而貴國獨與內戰與內亂間作字句之斟酌。此足證貴國人士對文字之敏感，慎重，有分寸也。」另外，「貴國雖為古老文明，而仍不失少年之戰鬥性，此亦研究漢唐文化之歐人所意想不到者也。」對於這種內戰紛擾，每每念上一通可使國家個人種種問題都必迎刃而解的「國父遺囑」是不起任何作用的。在紅毛筆下，上海大世界可真榮光萬分。「每遇紅毛記者，輒稱之為偉大的同情者。滿城懸旗歡迎，小學生列隊吶喊，這當是政府主使所為。而一旦紅毛措辭不恭，便不准其發電報。事實上，紅毛記者之奉命來華，無異於三輪車自外灘而南市，職務所驅使者也。」

　　紅毛自稱來自歐洲人種文化宗教最複雜的一角，深知中國沒有天主、東正等新、舊教之分，且疆土廣闊，文化同一，應是得天獨厚的。所以內戰起伏，妨礙統一，人為之也。同時，「闊家小姐少爺極盡奢靡，滬埠之流線汽車，大飯店餐館之玉杯象箸，室裝溺器，可與秦阿房宮相比而毫不遜色。」尋常百姓，沒有金條，是住不進亭子間的。難怪紅毛慨嘆，中國「精神上所缺者為公德守法，而物質最缺者，厥為屋頂也。」

　　不難看出，文章挖苦了國民黨用念遺囑代替建設，對洋記者一面溜鬚拍馬，一面又不許報導事實真相。同時，痛斥上海闊家公子小姐的糜爛，以及沒有金條租不到房子等國統區的情況。

　　蕭乾在文中流露出的反諷技巧常令人欽佩，例如文章最後那

段深含哲理的幽默諷刺：紅毛在林中散步，被憑空撲來的一黑白犬在「余小腿肉厚處狠狠咬了一口。余忿然質問：汝獸類，奈何憑空噬我一口乎？犬夾尾答曰：我不咬你，你必舉足踢我矣！故先發制你。嗚呼，此中之悲劇也。」這段人獸對白，無疑是篇中精華。人無信任，犬無保障，便都會「先噬人以衛己。擁上前去以免落後，社會秩序勢必愈鬧愈亂。思故中國問題之根治，在終止人治，施行法治也。」這自然是蕭乾的善良意向，希望國共雙方避免內戰，化干戈為玉帛，絕不能狗一般憑空撲咬。「然法治今年或可施行。避免在法治掩護下繼行人治則恐尚需時日耳。」

《中古政治》是紅毛的第二篇傑作，它以當時的中國不配法西斯化，反諷中國的政治體制依舊停留在中古時期。其實，蕭乾的用意並非僅限於此，他從多方面對比了國民黨與德國納粹的異同，從另一個側面揶揄中國竭力討好、奉承外國記者和外交官，「在歐美大都會華麗旅館請雞尾酒，重資津貼紅毛職業文人寫譽華文字，」試圖在國際社會確立中國如何民主的形象。同時譏俏中國在一些方面不如法西斯：「夫法西斯者，一套政治機器也。中國生產未機器化，政治亦依然徘徊於中古時代。」

蕭乾把當時的國民黨中國比成一個發育不健全，營養不良的畸形兒，「太窮，需仰仗他人扶助，太弱，不敢向舉世挑戰。」她渴望著健壯和驃悍，無奈自身百孔千瘡，不得不靠正常的民主國家救濟和保護，撐起門面，以求在畸形中繼續畸形地發展，不致淪落消亡。

這當然還只是中國不配法西斯化的外在原因，根本原因則在「貴國人民之素質。」紅毛憑閱史書和與人接觸，斷言中國人民深入的個人主義氣息，「乃法西斯化大家最無辦法之事也。」

法西斯化重紀律，尚英雄崇拜，把整個國家幾乎變成一座兵營，人人都有尚武精神。而中國人則是日出而作，日入而息，他耕田，吃飯，拉屎，病了吃藥，死了入土；袁世凱可來，張宗昌可去，而中國農民卻最後仍是主人。中國人的這種國民性表明中國不太可能法西斯化，中國人的個人主義是法西斯化一道難以逾越的障礙。那種傳統的雞犬相聞，老死不相往來的人生哲學在中國人腦中根深柢固，不管你以什麼主義、什麼思想或任何意識形態相加，他們都會一如既往地把自己封閉在土生土長的故土家園。

三、權利是把雙刃劍

很顯然，西方的個性主義與中國的個人主義形成的基礎不一樣，表現出來的方式也迥然不同。個性主義無疑是民主國家的產物，它以人權爲基礎，在法律面前人人平等的秩序裏享有充分的個性權利。而個人主義卻是專制集權的衍生物，一個人的思想便是所有人的思想，一個人的權力便是所有人的權利，決不許個性權利有任何生存的空間。換言之，個性主義與個人主義原本是一個東西，在民主國家，人人享有巨大的權利空間，尊重他人自由成爲可能，個性主義得以張揚。而在強權獨裁下，個性權利被無端斬於馬下，其自身抗體發生變異，便自然生成了只講一己私利的個人主義。我不享有權利，誰都別想享有權利。你自私自利，大家便都自私自利。也許人們的靈魂中都有一塊個性主義的自留地，只有遇到適合的土壤和充足的陽光雨露，才會長出茂盛的莊稼。那便是蕭乾所希望的，把中國的個人主義民主化。

「夫交通燈者，民主政治中之制度化也，而交通燈運到貴國

改由警察開，也有如外國總統制運到貴國即變成袁世凱之皇帝一樣也。」蕭乾飽汲中西文化，對中國變換西方民主制的技法頗為了解，他以這樣一個意味深長的比喻來暗示，任何民主的東西到了國民黨手裏都會變樣，交通燈、總統制僅是一兩個方面。

　　蕭乾意味深長地指出，交通信號的顏色全是由人來規定，紅色危險，綠色安全，找不出什麼理由，倘若哪個地方硬是規定紅色安全，那綠色便被視為可怕了。總之，這是文明社會的規定，在紅色與綠色中間，還有一過渡的黃色。他把這三種顏色分別比作國民黨、國共之間的無黨派人士和共產黨。國共雙方到底哪邊為紅色並不重要，也沒什麼意義。重要的是，黃色的存在本身意義不大，但其作用卻在避免撞車慘禍。無黨派人士的作用也大致如此，他們雖不能阻止內戰的發生，更不能在其中扮演舉足輕重的角色，卻可以起到緩衝作用。正因為此，「國共雙方才在兩路口皆堵住龐大卡車之今日，盡力爭取黃色為己用。黃色或足以避免血肉飛濺之悲劇也。」而當紅、綠燈交相爭艷，國共重燃內戰烽火時，黃色就沒用了，只能瞠目而視。所以，「此並非法西斯政治，而是中古時代之蠻性政治而已。」

　　蕭乾把交通燈下的警察比作當權者，他在紛亂交通的喧嚷聲中，佇立在太陽下，也算受盡了辛苦。即使為了那可憐的警察，也希望中國的政治交通加速自動化。蕭乾以一管自由主義知識分子的柔弱之筆，透過一連串的比喻，剖析了當時中國政治交通的混亂及根源。真正的出路在哪裏？蕭乾的答案是：需要的是容忍，守法，和一顆公道心！但他隨即慨嘆，「中國的交通燈制已非局部改革所能為。」他把中國如何改革才能實現真正的自動化交通，即民主的秩序，留給了政治改革家。

四、「超階級」的困惑

　　《半夜三更國際夢》是《紅毛長談》中篇幅最長的，它不單記錄了紅毛的一夜三夢，更是對一九四八年前後中國國內政局，以及世界上幾大強國爲在中國獲取巨大利益精打細算、互不相讓所做的專論。儘管文中都是夢中囈語，「各電皆係敝毛所杜撰」，但蕭乾「超階級」反內戰的傾向顯而易見。憂國憂民的蕭乾以其超凡的國際事務洞察力，近似荒誕的筆墨，描述了抗戰勝利後國民黨在國際舞台上的被動尷尬地位，國共間持久不停的內戰所造成的深重損失和混亂秩序，對未來中國提出了烏托邦式的設計，以此渲泄強烈的反戰情緒。同時，表達出渴望和平、嚮往民主的自由思想。

　　「俗語云：夜長夢多。夫夢者，晝間下意識有所思，而夜眠組成之花樣也。」蕭乾是做夢高手，一夜三更全是洋洋灑灑的國際政治夢。曹雪芹《紅樓夢》滿紙荒唐言，一把辛酸淚；這篇也能算做是滿腹荒誕夢，一片赤誠心。

　　據說此文發表時，各界反應強烈，積極呼籲早日結束內戰。對於這第三次國內戰爭，蕭乾是純從中性的「超階級」立場出發，對國共雙方不偏不袒，各打五十大板。他不管哪家正義，對他而言戰爭本身就意味著屠戮。正像他後來深刻檢查的，他秉承的是《大公報》的不黨不派，崇尚自由、民主、和平，反對以任何藉口、旗號所進行的戰爭。

　　蕭乾要表達的有兩層意思，一是對曠日持久的內戰痛心疾首，並一再以反諷的語言暗示，如此下去，內戰所造成的損失只會比日本人給中國造成的損失更大，災難更深。同時，以編造的電

文，杜撰的荒誕不經的事例，甚至令人毛骨悚然的假想，指責國
共雙方不顧國際輿論，一味打內戰。另外，國共針鋒相對，卻也
有相通處，如都認為國共逐鹿純屬內政，不希望別國干涉；各以
不同的方式都欲置對方於死地，奪取政權。

　　二是要表達民主思想。蕭乾在文末假擬一份國際社由漢城發
來的電文，對未來中國提出了天真的設想：封鎖全部中國口岸，
速將雙方軍隊繳械等消極方面當不可取，但方案的積極方面似還
是較為理想的，如「首為成立聯合國代華實行三民主義委員會，
以美蘇英法為常務理事。民族組工作為阻止任何外國人員干涉華
事。民權組工作之初步，係嚴格禁止警察無故搜查人民住宅，並
認真實行身體自由法。第二步為盡量減少黨報及政府報紙，鼓勵
民間報，並保障其言論自由。同時籌備大選。過渡時期，應開放
政權，由各黨各派參加。」另外，文中還提出了認真辦理各種稅
收及社會保險，發展教育，增進中國人健康的措施。這可以稱得
上是蕭乾想像中資產階級民主共和國的雛形了，是他的太陽城。

　　《紅毛長談》接下來的幾篇，《玫瑰好夢》、《神遊大西
南》、《二十年後之南京》、《新舊上海》及附錄中的兩篇《中
國舞台的歧途》、《中國音樂往哪裏走？》，其出發點都只有一
個，那就是針砭國民黨的獨裁專制，勾勒以英美民主政治為藍本
的烏托邦理想國。蕭乾把蔣介石與中世紀權力無邊的羅馬教皇相
提並論，把當時冥頑不化的中國喻為一座民主、自由、法治、民
生四不像的舞台，政治仍停留在半蒙昧狀態。他還巧妙地以中西
音樂之比較來觀照中西政治的差異：一是西洋音樂注重和諧，中
國音樂有調無諧；二是歐洲音樂有固定樂譜，而中國音樂則沒有
樂譜。

　　西洋音樂圍繞一個主題，可使不同的樂器發出自己不同的音調和抑揚，使主題更加豐滿突出，聽者能從千百不同腔調中，捕捉到一個總印象。這是西方多元政治的象徵。而中國人認為音樂美在乎齊，為了一個主題，樂手們不是像西洋那樣追求曲折錯綜的變化，而是機械地望著獨裁胡琴手的臉。蕭乾以此引申西方社會，可以不受束縛地暢所欲言，而在中國，蔣介石這專橫跋扈的「胡琴手」強姦民意，扼殺輿論，只許齊，不許異。

　　歐洲音樂有固定樂譜，意指歐洲政治是依法辦事，一切按既定的樂譜（*法律秩序*）。「中樂之有調而無諧，造成了中樂無譜的慘痛事實。」就是說中國數千年的君王專制是造成當時無法可依的元凶。更為可悲的是，「今日即有樂譜，也未必去遵循的了。」無法即自由，造反就有理。在粗暴的鼓槌之下，美麗淳樸的國風變成了阿諛帝王的媚語；那歡喜的婚禮，卻變成了殺氣騰天的擂台。中國音樂史上再找不到比這階段更惡劣的了。

五、自由主義：一朵璀璨的罌粟花

　　蕭乾的自由主義思想在雜文中還是多以隱式的暗喻來表達，到了社評中，就如山洪決堤般一洩而下，淋漓酣暢。人類是有理性的，人類所追求的應該是一個充溢著理性、公平、自由、合作、互尊、互愛、和平、富足的世界。

　　蕭乾社評最根本的基調就是反對戰爭，嚮往世界和平。他痛恨第三次世界大戰的夢想者，更害怕美蘇那樣的強國準備戰爭。二戰結束後，誰不渴望永久和平。但日本投降後，國內沒有重建家園，人民幾乎未得到休憩喘息，便重又陷入悲哀。蕭乾「超階級」的反戰思想在《我們要求向前走》中表露無遺，在他眼裏，

和平是比任何主義、政黨更崇高的眞理。他譴責國共雙方嘴裏都在高喊和平統一，實際上卻眞刀眞槍，各不相讓。他並不考慮什麼主義才適合於中國，他以爲只要能使人民在和平環境下幸福、自由、民主，那就是好主義。主義在他是個讓「野心家雀躍使民衆寒心的響亮名詞。它好似替代了幫會的堂號標識，同志也罷，信徒也罷，它的後面永遠離不開一簇共生共死的盟兄弟，以拼命精神去打天下。一般人因此竟忘記主義的最初意義原是一種對人生的態度，一種基本的信念，政治不過是整個人生的一環。」因此，蕭乾的向前走，就是要讓中國向和平統一的軌道邁進。然而向前的宣言、呼喊、保證，「舊金山、倫敦、巴黎都喊過，南京、延安，甚至戰場上，口口聲聲都不離擁護和平，實行民主。今日世界，是徹底言行相違的世界。在和平的橄欖葉下，千萬健兒送了命；在民主的神聖保障下，千百刊物被封禁。」中國就如一輛古老的篷車，方向不是向左，就是向右，要糾正到向前走，便需在大的方面，一要治癒戰爭的創傷，二要抹去政治鬥爭給人們心靈上投下的巨大陰影。

《聖與雄的分水線》則從歷史的角度，以許多叱吒風雲的英雄爲例，分析聖與雄本質上的不同。蕭乾認爲，中國人的血液裏，流淌的多是率領子弟打天下的項羽式的英雄。而項羽與虞姬的末日同希特勒與夏娃的終局何其相似。他們兩對痛快了一場，但陪葬的千萬平民壯丁何其冤枉！因此，他們只能屬於陳舊的「雄」，與民主政治勢不兩立，而聖者精神又太新。蕭乾自然是藉此希望中國的政治領袖，能少一些項羽式的英雄，甚至霸王思想，多一點甘地那樣的聖者精神。他心目中的聖者應具有悲天憫人的心懷，忠貞不渝的氣節，「不以一己得失用黨術動刀兵，傾

個人一切爲大衆服務。」他希望未來中國能生出一位淡泊名利、救世活人的聖者，或一位胸襟眼界開闊的聖雄。看來，當時就連毛澤東都不符合蕭乾「聖雄」的標準。聖雄甘地是非暴力主義，而毛主張用革命的暴力來反對反革命的暴力，用武裝鬥爭去爭取和平。

　　在蕭乾的所有社評中，體現其自由主義思想的約占三分之一強，有些單從題目就能看出來，如《泛論民主與自由》、《論政治與暗殺》、《慨嘆人權會議》、《我們要發掘偉大的政治家》、《國際潮流與自由》、《自由主義者的信念》、《政黨·和平·塡土工作——論自由主義者的時代使命》等。要研究中國自由主義知識分子的思想史，這些是不可或缺的重要思想史料。

　　蕭乾在《泛論民主與自由》中，把自由與民主比成車的雙輪，相輔相成。自由與法治是民主政治的根本。一個民主法治的政治，應執行依照人民意志制定的法律，政權不能超越法律，對人民的自由權利不能加以法外的干涉，人民守法，政府也得守法。如果政府爲一時便宜行事，施行臨時法令，剝奪人民合法的行動言論以及最基本的人身自由，很容易使人民感覺法律與人民的利益分離，而認爲它是政府方便行事的工具。

　　《論政治與暗殺》的副題是「民主傳統比民主制度更重要」。也就是說，民主制度眞正實施的前提必須是在民主傳統的眞正建立。法治是民主的基礎，而法治的先決條件，是官吏和人民都能守法、明法、行法。官吏必須在法治的基礎上尊重人民，保障人民權利，處處爲人民著想，才是國家通往民主與法治的坦途。但法治傘下的人治，會使法治成爲泡影。其實任何民主主張，最終都該是爲了人民，人民利益高於一切。然而，蕭乾在《人道與人

權》和《慨嘆人權會議》裏道出了內心深層的痛苦，他感到不僅當時中國談不到人權，沒有人權基礎，而且沒有一個國家的人民能夠完全獲得自由、平等以及一切基本權利。

六、信念是哈姆雷特的承諾？

　　總括來說，蕭乾的自由主義理念與追求是怎樣的呢？《自由主義者的信念》無疑是篇宣言性質的社評，他稱自由主義不過是個通用的代名詞，它可以換成進步主義，也可以換成民主社會主義。在基本信念上，它有五點：一、政治自由與經濟平等並重。二、相信理性與公平，也即是反對意氣、霸氣與武器。三、以大多數人的幸福為前提。四、贊成民主的多黨競爭制，也即是反對任何一黨專政。五、任何革命必須與改造並駕齊驅。

　　自由主義與英雄崇拜是不相容的。自由主義堅持每個人的天賦自由，也即是承認每個人起碼的平等。它不只是一種政治哲學，更是一種對人生的基本態度：公平，理性，尊重大眾，容納捨己。因崇尚自由也就反對個性的壓迫，不能容忍任何方式的獨裁。這樣，它也就需要民主政治的另一個標誌——言論自由。蕭乾把言論自由比作民主制度的試金石，民主政治的基石。他當然清楚世上沒有絕對的自由，但相對自由一旦失了客觀水準，一旦全憑了某個人的情緒意志來定，那相對自由也就沒了意義，等於不自由。獨裁與民主國家的分水嶺，正在前者輿論屬公，後者絕對民營。文明國便是其國內必容許反對分子或集團存在的國家。蔣介石獨裁政府扼殺輿論，限制言論自由，捨本逐末，勢必自取滅亡。言論自由，正如任何自由，既不能由政府頒給，也不能靠國際會議的一紙決定。言論的不自由，大凡不出四種原因：上

面有專橫的政府，下面有懦弱怕事的人民，周圍有蠻不講理的社會，而新聞記者本身又有怯懦分子，而時常這四種原因同時存在。國民黨統治下的中國，社會腐敗，政治獨裁，人民膽小怕事，新聞記者缺乏發表自由的勇氣。而共產黨政治開明，解放區人民都當家做了主人，新聞記者暢所欲言。

　　其實，重慶《新華日報》早在一九四四年九月一日，就在以《祝記者節》為題的社評中，對蕭乾稱讚戰時英國仍堅持新聞自由給以肯定，並認為美國之所以能雪珍珠港之恥，而轉入反攻，英國之所以能雪敦刻爾克之辱，而走向勝利，最重要的關鍵是政治上的民主，而言論自由又是極為重要的一個環節。共產黨極為認同羅斯福和邱吉爾都把言論自由確定為戰爭目的之一，在戰時，要依靠它來打勝仗，在戰後，還要依靠它來保持永久和平。針對國民黨的獨裁專制，共產黨呼籲國內新聞界同仁，要隨時隨地團結一致，為言論自由而奮鬥到底：「言論自由與新聞事業是血肉相連的，沒有言論自由，就沒有健全發展的新聞事業；沒有言論自由，新聞事業本身是會枯萎的。」也就是說，政治民主、言論自由的盟邦最後取得了二戰的勝利，政治民主、言論自由的共產黨最終也取得了國內戰爭的勝利，奪取了政權。所以，國民黨失敗的根源在於，「中國的確還沒有民主政治，然而中國又何嘗有民主的社會。」

七、思想改造的煉獄

　　由蕭乾一九五〇年九月向黨組織遞交的思想匯報（即《我的自傳》）看，他從一九四八年春就開始清算自己政治上的自由主義了，然後，在《大公報》同事、中共地下黨李純青的幫助下，

「除了看文件，主要的學習是社會發展史。」他說，到一九五〇年六月，他的「向上爬」的念頭，「已被主觀努力及客觀環境壓制住了——把它消滅乾淨還需要進一步的學習。文藝上，還寄存些技巧觀點的殘餘，需要由情感上與工農兵結合來徹底克服。《大公報》的關係不但斷了，而且也清算了報恩觀點。一方面明瞭該報過去在革命中反人民的罪惡，一方面也清算了它對我的不良影響。」他決心在無產階級的領導下、組織下，建立革命的人生觀，使自己在人類大同這個最崇高的理想及事業上，「能發生一個螺絲釘的作用。」為使自己成為一個真正的走共產主義道路的馬列主義者，他遂向組織提出了入黨申請。

這當然是蕭乾思想認識上的進步。但同時，我由此對我在上文中所作出的一九四六年到一九四八年的蕭乾是個徹底的自由主義者這個結論產生質疑。因為首先他清楚，信奉自由主義這一理想抱負的，坐在沙發上與挺立在斷頭台上，信念得一般堅定。另外，他也很清楚：一個政黨的確需要信徒，聚徒眾而形成組織。鐵的組織，鋼的紀律，愈堅固緊嚴，其取得政權或維護政權的機會愈大。為求組織紀律的銅鐵化，只有犧牲個人自由，一切由黨魁或少數寡頭指揮。換言之，一個主義一旦組織化了，勢必就得寡頭化。而一個徹底的自由主義者，因受不了嚴苛的紀律，就可能站在政黨之外，保持其獨立的立場，保持其個人發言權。當然這要單看一個自由主義者的氣質與立場了。需要集體行動的政黨，本質上並不適合真正自由主義者的口味。另外，自由主義者並沒有什麼綱領性的文獻，也沒有固定的書本。「由盧梭、康德，以至羅素、杜威；由傑弗遜、林肯，以至倡四大自由的羅斯福，都用墨水和行動寫下了自由主義的界說。所有政黨都有短期

的集中訓練所，自由主義的訓練所卻須由搖籃以至幼稚園開始。
這訓練不假借黑板粉筆或風雨操場，而是散播在大氣中，沁入心
脾。」

　　具有諷刺意味的是，蕭乾後來在批判自己的自由主義思想時，
把他個人的發展說成是帝國主義文化侵略的一個具體例證，這倒
從反面說清了他的自由主義思想，也即是他中自由主義毒害的來
源：一是他自小在教會學校受教育，前後有二十年之久，所有課
目都滲滿了改良主義的毒素。二是一出大學校門，就進入了高舉
改良主義旗幟的《大公報》，堅持的是人家倒，我不倒；人家先
倒，我後倒（胡霖語）的典型而徹底的機會主義者的立場。三是
在改良主義大本營的英國又住了七年之久，使其改良主義更系統
化起來。所以他才會在編《大公報》文藝副刊時勸青年們多看些
佛經、語錄；才會成為對國民黨反動政府小罵大幫忙的民間疾苦
的搜集家，專寫民間疾苦卻從不問疾苦的由來和如何解除疾苦；
才會在《人生採訪》裏把瑞士描寫成一座天府；才會在一九四六
到一九四八兩年的社評中鼓吹中間路線 、 自由主義等 ； 才會在
《紅毛長談》裏來推銷他從拉斯基，從工黨英國販來的一批毒素；才
會主動請纓，去做《新路》的研究員。

　　不難看出，蕭乾的自我批判和清算是真誠的，深刻的。他在
如此短的時間內就認識到整個改良主義的反動性，認識到它不是
什麼超階級超政府的，而真正是資產階級的幫凶，其意圖和作用
就是延續反動統治的壽命。經過思想改造的蕭乾，已經把馬列主
義和毛澤東思想視為是惟一造福人類造福中國的真理，同時他也
承認，「距離把那真理請到我的腦袋裏當主人還很遠，把改良主
義的毒菌由我的血管中排除尚需時日。」

八、世紀末的輪迴

　　正因爲蕭乾腦子裏始終有這塊自由主義的自留地，或稱改良主義的毒菌沒從血管中滌除乾淨，他才會在一九五七年的「鳴放」中，寫了那篇使他獲罪的《放心·容忍·人事工作》。他援引西方一句豪邁的話：「我完全不同意你的看法，但是我情願犧牲我的性命，來維護你說出這個看法的權利。」來希望黨內減少革命世故，個人與組織間不存芥蒂，上下團結，讓大家在互相信任的基礎上，毫無忌憚地發出肺腑之言。他重申「民主精神應該包括能容忍你不喜歡的人，容忍你不喜歡的話。可惜我們目前還不能進一步說：每個中國人都已經有了說話和寫作的自由了。」

　　天眞的蕭乾，感情上已受了好幾年的壓抑，終於在一九五七年初夏「引蛇出洞」的氣候裏，在中央的撐腰下，得到一抒己見的機會。心情豁然開朗了幾天，就被戴上了右派帽子。他便很快像上次清算自己的自由主義思想一樣，做起了更深層次的思想檢查。他稱《放心·容忍·人事工作》暴露出他反黨反社會主義的猙獰面孔，對黨和人民犯下了嚴重的罪行，而且情節格外惡劣。他懂得給自己上網上線了，如乾脆把《大公報》說成是反蘇反共的，把自己說成是帝國主義豢養的洋奴，說自己以前理解的民主自由，就是能容忍異己，而忽略了最起碼的要求應該是作自己的主人，即民族自決。他還深刻檢討了思想上與章伯鈞、羅隆基所產生的共鳴，他表示一方面接受組織上的徹底審查，一方面堅決把自己思想裏與章、羅共同的東西挖個乾淨，使此生再也不可能對類似章、羅那樣的思想或行動起共鳴。不論自己買辦資產階級的思想意識，奴化的教育有多麼根深柢固，他有決心要清除掉，

跟大家一起死心塌地地走社會主義道路。

　　再回眸蕭乾一九七九年平反復出，重新寫作，到一九九九年去世這整整二十年的時間裏所寫的大量散文作品，我感到他又回到「自由主義」的車轍上來了。從他寫的《唉，我這意識流》一文中可以想見，即便是在那浩劫歲月，他的自由主義思想的意識流一天也沒有斷過。也就是說，自由主義的思想種籽始終深埋在他頭腦中的那塊自留地裏萌芽著，等待外部世界陽光土壤的適合，就可茁長起來。但這時他已稱不上是嚴格意義上的自由主義者了。就他半個世紀作為自由主義者的命運輪迴來看，他絕不是挺立在斷頭台上依然抱定自由主義信念的那種徹底的自由主義者。從一九四六年到一九九九年他重複經歷的放言、批判、再放言、再批判直到晚年又放言三個階段可以判斷，他倒真的有點像毛澤東在《反對自由主義》中提到的那種人。

　　如果說蕭乾一九四六年到一九四八年是個在觀念上徹底的自由主義者，那一九四八年以後，他便是帶上「機會主義」色彩的自由主義者了。對這一點，他在一九五一年清算自己時有了更清醒的認識，他認為改良主義、中間路線、自由主義以及費邊主義基本上都是一個東西。毛主席在《反對自由主義》裏已經精闢地指出，自由主義就是一種機會主義的表現，是和馬列主義根本衝突的 ； 它的根源是小資產階級的自私自利性 。 當脆弱的小資產階級不是在堅強的無產階級領導下的時候，政治上便必然會發生「岔子」。依此說，一九四六到一九四八年，作為「徹底自由主義」的蕭乾，是出了「岔子」；一九五七年鳴放時「機會主義」的蕭乾又出了「岔子」；一九七九年以後的晚年蕭乾，還時不時在出「岔子」。

自由主義好比一粒種籽，它最適宜在民主政治的土壤裏發芽成長。強權政治和集權專制是自由主義的兩大瘟神。對一個徹底的自由主義者來說，民主國家和獨裁統治，就好比前者是沙發，後者是斷頭台。在具有中國特色社會主義民主的條件下，中國人正享有著前所未有的言論自由，中國的人權及社會、政治、經濟狀況也是前所未有的好。

這裏所收蕭乾的雜文和社評，多是蕭乾五十年前的自由主義言說，這些曾給他帶來「麻煩」，他也曾把這稱爲自己在政治上「發生的一種岔子」。我當然相信，今天的讀者一定會舒服地躺在社會主義民主的「沙發」上，捧讀這部頗具思想史料價值和品格的書，而絕不信有誰會因與書中的自由主義思想產生共鳴而被送上斷頭台。

九、歷史的「真空」透明嗎？

與蕭乾忘年相交十二年，眞誠、善良、悲天憫人，是他給我留下的最眞切的印象。他的眞誠表現在他對自己、對別人、對創作的態度上；他的善良表現在同情弱者，嚮往美好的、理想的境界；而悲天憫人，則是一種心靈內在的東西，體現在方方面面，比如他在採訪二戰時的寫作視角。他去描寫德國飛機轟炸下的英國婦女；寫大詩人艾略特去作防空的巡視員；甚至寫小動物在二戰下的命運，這些都可以看作是他內心世界的表現吧。他認爲一個作家，只有具備了悲天憫人的情懷，才有可能寫出好的作品。

蕭乾一生的經歷頗富傳奇色彩，其中有許多的機緣巧合。同時，他這一生又經歷了那麼多的坎坷曲折。其實，這和他的性格有很大的關係。他出身貧苦，從小隨寡母寄居在親戚家，過著寄

人籬下、忍氣吞聲的生活。因此，在他的性格中有脆弱、敏感、憂鬱的一面。他很在乎自己，也很在乎別人怎樣看自己。而他的眞誠、善良，又使他在受盡了別人的假話之苦之後，一定要向曾把他的作品批判爲毒草和反動、「黑色」文藝的人們回答：蕭乾到底是什麼樣的人。他晚年不遺餘力地寫著回憶性的文章，有時經常重複自己。他一方面是要反覆解剖自己、證明自己。另一方面，他怕別人不能完全理解他。他希望讓人們看到一個「透明」的蕭乾，留給時間和讀者去做「末日審判」。

「盡量說眞話，堅決不說假話」是蕭乾晚年復出文壇以後爲人爲文的座右銘，他在《風雨平生——蕭乾口述自傳》的自序裏表示，九十歲了，已沒什麼好怕的，要還歷史以本來的面目。因此，他對一些著名文人在以往歲月的某些言行進行了直截了當、指名道姓的尖銳批評。這在作家的回憶錄中尚不多見。我的深切體會是，他這樣的寫法，絕不在僅僅揭示個人恩怨的是非曲直，更深的用意在於揭示中國知識分子心理的癥結。他批評的目的顯然不爲暴露某個人在歷史上的不光彩言行，而在引起後來者的反思和警醒。

王小波寫過一本《沉默的大多數》，指出中國人大多數是沉默者，敢於爲眞理吶喊的人少之又少，這是民族性格中的一個弱點。蕭乾即想通過此來揭露這種精神痼疾的可怕。比如文革時期，不要說作一個眞理的吶喊者，就是作一個沉默者，也已經是難能可貴的了。而現實的情況是，多數人成了另外的一種「吶喊者」：爲了自保，爲了自己的升遷，爲了自己的「榮譽」，不惜落井下石。

在批評別人的同時，蕭乾也在尖銳地剖析自己。像其他知識

分子一樣，他同樣有投身政治的熱情，希望在政治當中使自己的文學命運得到正名和認可。他真誠地面對這一切，從來不粉飾有過這樣的心態，更不對自己的這種心態作幾十年之後的「昇華」。

歷史學家湯恩比說，歷史是勝利者的宣傳。那麼蕭乾有沒有以「勝利者」的姿態對自己進行「宣傳」呢？也即是對自己的歷史有所遮掩呢？我早已聽到一些說法，諸如蕭乾對「別人」過於刻薄了，而對自己的某段歷史卻故意隱瞞了一些。我想，他確實沒有「說假話」，但「盡量」說出的「真話」卻不夠多。他沒能寫到這一點，這是我要為他遺憾的地方。不過，在他去世前不久，我曾試探著問過他。他並沒有迴避，也沒有躲閃。他深深嘆了口氣，一字一頓地說：「那個時候，人活得連畜生都不如，還能怎樣！」我感覺到，這一定是扭結在他心靈深處的一個難以解開的死扣。

無疑，他給我們留下了一個他自己歷史上的「真空」。這要怎樣去填補呢？歷史的證人正在一個個逝去。歷史都是有「真空」的。歷史有絕對真實的嗎？我不敢妄自置喙。只要我們別有意製造「真空」的歷史，就已經是歷史的幸運了。

其實，對於別人稱呼他「作家」、「翻譯家」，他自己更喜歡記者、報人這個稱謂。而且，從他慢慢形成的性格特點和文風來看，他最適合的寫作題材就是新聞特寫。他在燕大時曾是斯諾的學生，受斯諾的影響很深。他和斯諾一樣，從來都不是一個追逐熱門新聞的人。在他的二戰特寫中，幾乎看不到重大的歷史事件，但通過他敏銳捕捉到的那些看似細小、生活化的細節，讀者知道了戰爭中發生了什麼、戰後發生了什麼，戰爭中人民的命運是怎樣的。而他對問題的看法也就在潛移默化中影響著讀者。

　　作爲「人生的探訪者」，他不希望在心裏先存有條條框框，當然也不希望別人拿條條框框去束縛他。他渴望自由，自由是他生命的最高目標。他在還是個十幾歲的孩子時，就夢想著像魯賓遜那樣漂泊、浪漫的歷險。他想作的是「未帶地圖的旅人」。他的人生出發點是，大千世界，光怪陸離，無奇不有。他要的就是這種人生的體驗，要的就是去探訪人生。當時這種理想還是夢幻式的，到他九十歲生命終結時，回頭看，他眞的做到了。

　　這種崇尙自由的心態，也反映在他對人、對創作的態度上。比如翻譯《尤利西斯》。早在他留學英國期間，就研究過這本書。儘管他認爲喬伊斯的這種意識流創作是條死胡同，但應介紹到中國來，介紹給中國的作家，讓人們看看世界上還有這樣的創作。他認爲自己有可能是一個很保守的人，但他絕不會去限制別人怎樣去創作，更不會去指責。在這點上，他倒一直是「自由主義」的。

　　蕭乾內心有那種強烈的守土愛鄉的情結，他小時候見到的那個客死中國的白俄「倒臥」，赴英途中在輪船上遇到的那個希望戰爭爆發以參加雇佣軍獲得國籍的無國籍人，給他留下了深刻的印象。他一直怕自己成爲一個流落異國的「白華」，成爲一個沒有國籍的人。所以，在一九四九年面臨抉擇，是去劍橋擔任終身教職，還是回到新中國時，他這個不帶地圖的旅人最終選擇了回鄉，回到「地圖」上來。

　　蕭乾一生經歷過許多難以預料的曲折和磨難，是怎樣的一種信念使他依舊保持樂觀的人生態度呢？他沒少跟我談他人生常「樂」的竅門：想想比自己更慘的。我在剛認識他不久，他就告訴我一句印度的古諺：「我沒有鞋，我抱怨，直到我看到有人沒

有了腳」。就是說,當你覺得不幸的時候,看一看還有比你更爲不幸的人。這個時候,它也可能會給你一種生活上的勇氣,甚至一種生命的支撐,使你能夠生存下去。人有了生命,生命中的能量才能夠釋放出來。這也是一種阿Q吧。我想,每個人的生命都以他自己的阿Q方式存在著。

蕭乾以爲一個人最大的快樂,莫過於在他所喜歡的事業中度過了一生。他在臨終前看到了自己皇皇十卷本的《蕭乾文集》出版,以三二〇萬言的著述文字向世人交代了自己的一生。從這點來說,他的確是個幸福的人。

二〇〇二年十二月十二日

蕭乾的英文演講及其現代化思想

　　恩師蕭乾先生逝世已經三周年，他的音容笑貌卻一天也沒有離開過我。在年歲上，他長我半個多世紀，比我的被侵華日軍殺害的、沒有見過面的祖父還大得多。所以從我第一次見到他，就親熱地叫他「蕭爺爺」。我們的交流從沒因年齡差距而出現隔膜的代溝，相反，我們是無話不談的「鐵哥們兒」。他對我在做人與作文上的教誨、提攜與呵護，還填補了我沒有體味過祖父親情的感情空白。能與他忘年相交12年，我想註定是我此生最大的幸事。但我當然無法阻止某些所謂正宗的學者把上蒼對我的這份偏心，當成譏諷我沒有真學問的口實，似乎我除了會寫寫蕭乾，其他便可以忽略不計。

　　是的，我在寫過關於蕭乾的五本書，編選過十卷的《蕭乾文集》和他的許多單本選集之後，又在這裏寫蕭乾了。好在我已經不像幾年前那麼膽怯，特別在乎人家說我什麼。我當然更懂得，是否有真學問也不是光靠有個博導頭銜或嘴皮子就可以賣弄出來的，而是要靠一本一本厚重扎實的經得起時間打磨的著作。泡沫「博導」，一撥拉就倒。

　　我一直想寫寫蕭乾的現代化思想，這主要反映在他的幾篇英文演講，特別是他一九四四年在倫敦中國學會所做的《關於機器的反思──兼論英國小說對近代中國知識份子的影響》，以及在

倫敦華萊士藏畫館所做的《龍須與藍圖——爲現代中國辯護》的
兩篇演講裏。我覺得這兩篇演講很有思想，不像某海外學者說
的，只是簡單地向英國人「販賣」些中國的東西，並夾雜些幽默
的話。

　　在《關於機器的反思》中，蕭乾通過論及英國工業革命以來
的作家及其作品，從撒姆爾・勃特勒的《埃瑞洪》、福斯特的
《機器停下》、赫胥黎的反烏托邦科幻小說《奇妙的新世界》、
D・H・勞倫斯的《兒子與情人》、維吉尼亞・伍爾芙的《奧蘭
多》等，就機器對人類生活產生影響的關注，來闡述他自己對能
以民主的手段控制「機器」的現代工業文明與法治社會的嚮往。

　　蕭乾開篇就說：「作家和機器自然是對立的，就機器的本
性來說，對手工和文學的任何一種形式都是一種持久不變的威
脅，因爲我們在手工藝和文學上所取得的『進步』，全是人工製
造的。因此，當作家們極力譴責機器的時候，我們不必驚訝。但
我們必須弄清楚，這種譴責是出於尊貴而生出的對機器的漠不關
心的仇恨，抑或僅僅是一種自高自大。若是前者，還有理由可
說，後者就只能讓人感傷了。」

　　看來蕭乾是對那些英國作家們感傷的了，因爲他們在是「前
者」的同時，更是「後者」。所以，他才會發出感歎：「通過閱
讀現代英國文學作品，我得到這樣一個印象，每一位作家都是一
個二十世紀的盧梭，提倡直接回返自然，即便不是完全回返。要
考慮到英國是工業革命的搖籃這一事實，我這個發現可實在是太
有趣了。」

　　在經歷過工業革命的英國作家眼裏，使用機器將危害一切有
人文價值的事物，有效率的機器禁錮、束縛甚至扼殺了人的本

性，這在他們的作品中，以各種方式突現出來。狄更斯小說中的
人物常懷有一種對工業骯髒的恐懼；在福斯特的小說裏，個人關
係的首要敵人，就是非人性和沒有感官的機器；富於浪漫個性、
憎恨工業主義的勞倫斯，在小說裏明顯表達出現代人對機器的厭
惡，並預言了機器的沒落；伍爾芙更是煩惱地可憐起當今這個工
業時代。

　　英國作家當然不能理解鴉片戰爭以後，國力衰微，到四〇年
代更是處在日軍蹂躪下、民生凋敝的中國，是多麼的渴望「機
器」！他們對機器的擔憂跟中國人比起來，是太形而上了。這也
正是蕭乾儘管佩服勞倫斯，辯論起來卻要站到他對立面的原因。
日本人在明治維新以後，逐漸裝備了「機器」，但他們像納粹德
國一樣，使非人性的機器失控、野蠻了起來，給人類文明帶來毀
滅性的災難。我想歷史地假設一下，倘若中國在明代中後期就開
始擁有「機器」，她能保證有效地控制它嗎？

　　從二百年來世界範圍利用「機器」奴役殖民地的經驗不難看
出，德、日式的法西斯專制獨裁，只會使高速的「機器」駛入沒有
紅綠燈的單行道，最後導致車毀人亡。現代文明的標誌，就是要
用民主與法治這個總開關控制「機器」。蕭乾由此引申說：「我
們需要的是為每一部強力高效的機器配置一個強力高效的開關，
為那些無情的高速卡車，安裝無情的交通燈。」其實不講民主，
專制獨裁本身，何嘗不是一部野蠻的「機器」！它根本不把「開
關」和「交通燈」放在眼裏。需要裝潢門面的時候，還能把你當
雞肋，等真嫌你礙事了，就乾脆俐落地橫衝直撞過去。

　　「我們有開明的憲法這一政治交通燈，也要有控制私人資本
的經濟交通燈，還應有一個基本的保護，即一種自由的教育和適

當的社會服務機制。首先要明確，個人要超越這個龐大的現代機器世界裏的一個齒輪，這樣，個人才不會由機器擺佈。中國向何處去？英國向何處去？人類向何處去？答案只能由沈默的歷史作出。」

蕭乾在《龍須與藍圖》裏，以「龍須」代表中國的古老文明，用「藍圖」象徵現代「機器」文明。希望強國，走一條「龍須與藍圖」相諧相融的民主之路，不僅是蕭乾，而是所有國人的心聲。現在，「她（中國）在世界到處都是打字機的時代，仍想保留古老的書法藝術；她想用帆板漂流在一個有航空母艦和魚雷的世界裏。」也許早已成爲了東、西方列強白日做的田園夢。但中國的作家是否會越來越生出那些英國作家早已產生過的對「機器」的擔憂呢？我並不想做二十一世紀的盧梭，可我同時也不願僅僅充當現代「機器」世界裏一個失去自我、盲目愚忠的齒輪。

一九四四年九月六日英國《曼徹斯特衛報》曾有這樣一段評論：「（蕭乾）論及機器暴政的文章具有世界意義，他的寫作富有魅力，凡希望瞭解中國現實的人，無論長幼，都該讀讀這本書（《龍須與藍圖》）。」又過去了半個多世紀，讀過才知道它是否過時。智慧的思想光芒是沒有時效的。

蕭乾一九四二年和一九四四年在英國分別出版過兩本篇幅不長，但很有思想和史料價值的英文書，一本是《苦難時代的蝕刻——現代中國文學鳥瞰》，一本是《龍須與藍圖——戰後文化的思考》。我在一九九八年爲浙江文藝出版社編選十卷本《蕭乾文集》時，勉力將其譯出並收錄書中。這次，北京語言文化大學出版社推出印製精美的兩卷本英漢對照《蕭乾英文作品選》和《蕭乾作品精選》，又將它們連帶英文原文一起收錄出版。這倒更容

易使有心的讀者挑出我譯文中的錯訛或紕漏，正好趁此恭請方家
賜正。當然，譯文的拙劣並不會妨礙讀者領略一個中國人寫出的
如此「漂亮的英文」。